DES ERREURS
DU TEMPS.

PREMIÈRE PARTIE,

CONTENANT

les articles de la souveraineté du peuple, de l'égalité des droits, de la démocratie, du gouvernement monarchique, de la liberté, de l'opinion publique, des représentans d'un peuple, de la Constitution de 1791, des patriotes ou démocrates, du mélange de la monarchie, de l'aristocratie & de la démocratie.

PAR

LE CHEVALIER DE BOISDEFFRE.

L'homme est de glace aux vérités;
Il est de feu pour le mensonge.
LA FONTAINE.

CONSTANCE.

1795.

AVIS DES ÉDITEURS.

L'impreſſion de cet ouvrage ayant, par un concours de circonſtances, été retardée de trois mois, il doit néceſſairement être arrivé des changemens dans la marche des affaires; on prie le lecteur de vouloir bien y ſuppléer par la connoiſſance qu'il peut en avoir acquiſe.

DES ERREURS DU TEMPS.

De la souveraineté du peuple.

J'ENTREPRENDS l'examen de ce principe qui a exalté tant d'esprits, que la cupidité, l'ambition ont favorisé sur toute la surface de l'Europe : de ce principe qui constitue les passions pour lois, & la révolte comme un droit légitime, qui mène à l'irréligion, à l'immoralité, en favorisant tous les penchans criminels. Ce principe est celui qui établit pour base de tout gouvernement *la souveraineté du peuple*, principe dont le moindre inconvénient est de mettre une nation dans l'impossibilité d'avoir aucune loi durable ; il grouppe les hommes en autant de factions qu'il y a d'intérêts opposés, il fait que ceux qui ne poſſédent rien, ou n'ont pour fortune qu'une vulgaire induſ-trie, ſe coaliſent, & n'admettant bientôt d'autre droit que celui de leurs facultés deſtructives, ils foulent la juſtice aux pieds & y ſubſtituent le brigandage.

La ſouveraineté, ce mot pris dans ſon vrai ſens, eſt un pouvoir ſuprême, qui s'exerce par l'expreſſion connue de la vo-lonté de celui ou de ceux qui en ſont re-vêtus ; mais qui par cette raiſon, ſi l'on veut éviter le joug de l'arbitraire deſpo-tiſme, ne doit pas être conſtitué comme le droit d'un ſeul, ni de pluſieurs, ni ſur-tout de la multitude. D'où l'on peut conclure que par-tout où il exiſte un gouverne-ment modéré, il n'y a point de puiſſance abſolue qui ſoit la propriété excluſive d'un prince, d'un ſénat ou de tous. Je dis plus, c'eſt que, juſqu'à l'époque de l'aſſemblée conſtituante, en France, il n'en avait jamais exiſté ſur la terre ; auparavant, tel qu'ait été l'aſcendant d'une autorité quelconque, elle s'eſt toujours trouvée bornée par quel-ques circonſtances particulières ; celle d'un

Sultan, par exemple, eſt arrêtée par des
opinions religieuſes & par d'antiques uſages; mais celle de tous les Souverains en
Europe eſt limitée par les principes d'une
juſtice diſtributive qui, en maintenant la
ſtabilité du droit de propriété, laiſſe à chacun la diſpoſition convenable de ſa per-
ſonne & de ſa fortune : elle eſt encore limitée par l'indépendance du pouvoir judiciaire, dont la compétence eſt par - tout
en Europe ſéparée du pouvoir royal ; enfin
elle eſt limitée par la prééminence ſalutaire
d'un ordre diſtingué, dont la propriété eſſentielle eſt de ſervir de modérateur entre
le Monarque qui lui doit des égards, &
le peuple auquel il inſpire naturellément
des reſpects. L'eſprit de cet ordre, ces
préjugés d'honneur, font que l'homme qui
y appartient, conſidère comme le plus pré-
cieux des avantages celui d'une exiſtence
honorée, ſentiment ſi intéreſſant à conſerver
dans les Etats européens, qu'il eſt le ſeul
qui puiſſe arrêter cette lâche corruption
qui amène indubitablement la tyrannie. C'eſt
la cupidité, encore plus que l'ambition,

A 3

qui a déterminé la nature de la révolution
française ; l'argent a fait les jacobins, l'argent a fait les régicides, l'argent a constitué
ce pouvoir atroce, qui ne peut se soutenir
que par ses profusions. Où il n'y a plus
d'honneurs ni de religion, il ne peut plus
y avoir de vertus.

Cependant que la souveraineté soit absolue ou limitée, elle n'appartient qu'au
pouvoir qui en a l'exercice ; elle ne peut
être concédée sans être aliénée ; mais en la
considérant dans le sens fallacieux de nos
modernes législateurs, on voit qu'elle con-
siste dans la faculté de créer des pouvoirs,
& dans la faculté de les détruire, dans
la puissance d'abroger des lois, dans le
droit de dissoudre un gouvernement, de
mettre dans l'incertitude d'aucune garantie
l'existence des familles & le maintien des
propriétés. Eh ! quel est le peuple qui
voudra vivre dans un tel cahos ? Qui est-
ce qui pensera que cette faculté de changer, de détruire, de réédifier, puisse être
un pouvoir désirable ?

La liberté est un état de contrainte, on

ne peut même la concevoir autrement; un peuple ceffe d'être libre dès que les lois ceffent de le commander; auffitôt qu'il détruit l'édifice de fon gouvernement, ce n'eft plus qu'un amas confus d'individus que le defpotifme affujettit bientôt. Il eft à cet égard auffi remarquable qu'il eft vrai que la faculté d'altérer la conftitution d'un état a toujours fait que les peuples les plus libres ont tous fini par être les plus miférables, les plus efclaves.

La nation françaife confirme cette expérience, elle eft paffée fubitement d'une licence exceffive fous un joug de fer; car on ne peut appeler liberté ce qui n'a été qu'une violente anarchie; elle ne fut point libre lorfqu'elle procéda à l'élection des membres du corps légiflatif, parce que la faculté de nommer à l'exercice d'un pouvoir, n'eft point la liberté; elle ne fut point libre, lorfqu'on la proclama fouveraine, parce que le pouvoir qui créoit cette fouveraineté, devoit s'en approprier la puiffance; mais elle fut efclave, lorfque fes mandataires fe qualifièrent fes repréfentans,

A 4

puifque dans cette qualité ils ufurpèrent
tous les pouvoirs. C'eft alors que quelques volontés purent paralifer des autorités effentielles ; c'eft alors que l'on vit,
dans un affemblage de quelques centaines
de légiflateurs, une ftricte majorité former
des décrets abfolus, majorité qui fut toujours déterminée par l'afcendant d'un petit
nombre de factieux, & par fuite de cette
difpofition la crainte, l'avidité, l'ambition,
coaliferent tout ce qui était faible ou im-
moral. Bientôt le defpotifme devint fans
mefure, parce qu'il n'y a point d'autorités
qui ne fléchiffent, point de lois qui ne dif-
paroiffent, point de préjugés qui ne fe tai-
fent en préfence d'un pouvoir qui difpofe
de toutes les volontés. Tel doit être cependant le réfultat de ce qu'on appelle une
convention, & la puiffance qui en eft la
conféquence, doit appartenir à ceux qui
fe montreront les plus féroces, parce qu'un
état de chofes qui conduit naturellement
à la tyrannie, doit favorifer des démagogues qui fans remords favent fe fervir de
tous les crimes, pour parvenir à la prépon-

dérance. Si l'on penfe que dans de telles circonftances une nation peut aifément s'affranchir de l'oppreffion, je répondrai qu'une nation eft fubjuguée lorfqu'on a mis la terreur dans toutes les ames, la méfiance dans tous les efprits, l'avidité dans tous les cœurs. Je dirai que la crainte eft un reffort qui ne s'ufe point, & que de toutes les manières de gouverner un peuple, c'eft celle qui en garantit mieux l'obéiffance; les hommes fi préfomptueux, lorfque l'on s'occupe de leur bien - être, ne favent qu'être vils, bas & rampans lorfqu'on les méprife & qu'on leur en impofe.

On voit quelles doivent être les conféquences de la fouveraineté nationale; de ce principe protégé par un peuple affez aveugle pour ne pas juger que des légiflateurs, en pofition de contraindre toutes les volontés, devoient l'affujettir par la tyrannie la plus extrême; mais en admettant l'expreffion de toutes ces volontés, on verra qu'elle ne fera qu'un témoignage équivoque de la volonté générale, dans le cas où l'on préfentera à l'acceptation des hommes, des lois qu'ils ne peuvent apprécier, ni comprendre; des lois qui les dominent au moment où on les propofe, & cet affentiment devient plus qu'illufoire, lorfque la crainte, la féduction, l'erreur l'auront déterminé.

La volonté générale ne pourra jamais eonftituer qu'un gouvernement affamé, qui fe nourrira des larmes & du fang des hommes; mais ce n'eft pas affez de le dire, il faut le démontrer.

La portion la plus nombreufe de la population, dans prefque tous les pays, fe compofe d'habitans fans propriétés fuffifantes, de journaliers, d'artifans, de vagabonds; & c'eft à cette multitude qu'appartiendra la difpofition d'une fouveraineté abfolue, des hommes que la plus groffière ignorance rend fufceptibles de toutes les erreurs, des hommes dont rien ne pourra modérer la violence des paffions, difpoferont de l'exiftence fociale, à eux feuls appartiendra le droit d'en décider; n'eft-il pas dans la conféquence de ce principe qu'il faut que tout fléchiffe fous l'empire d'une force qui se composera de toutes les passions que l'ignorance, la cupidité, l'ambition fomentent.

La crainte, les opinions, peuvent limiter le despotisme d'un seul; mais quand on le considère, comme étant la propriété de la multitude, il n'y a plus de terreur ni de préjugés qui puissent lui en imposer, il brise tout ce qui s'oppose à son action, c'est la torche & le poignard à la main qu'il se fait obéir.

L'amour de la domination, cette passion de toutes les ames, qu'il est si essentiel de comprimer dans un Etat, si l'on veut que la paix & la justice y règnent, devient le fléau le plus homicide dont un peuple puisse être tourmenté, lorsqu'il suffit d'être ambitieux pour prétendre au pouvoir, tous les esprits s'agitent alors d'une ardeur funeste, chacun cherche à se faire jour dans cette carrière de troubles & de confusion.

Une telle disposition sera cependant partout, où sera reconnue la souveraineté du peuple, parce qu'il est dans le caractère d'une multitude groffière de protéger avec paffion quiconque faura careffer fes penchans, ou favorifer fes inclinations; il fuffira d'être démagogue pour triompher de tous les obftacles, on deviendra l'élu du peuple dès que l'on fera reconnu pour être l'ennemi de ce qui eft confidérable ou honoré, on en deviendra l'idole en facrifiant 'à fes paffions infenfées.

Les manœuvres des différentes factions qui fe font fuccédées dans la révolution françaife, ont toutes été calculées pour cette fin. A fon origine il fallait l'enfemble d'une force immenfe pour renverfer un gouvernement qui avoit traverfé quatorze fiècles avec majefté & gloire; la fouveraineté du peuple créa tout-à-coup cette force deftructive; dès qu'elle fut proclamée il n'y eut plus d'autorités tutélaires, tout fut afservi; d'impudens factieux s'affirent infolemment fur les débris de tous les pouvoirs, fur ces ruines ils fondèrent le trône de leur tyrannie, & le mirent fous la protection des furies.

C'étoit alors qu'il fe forma un parti formidable, compofé d'hommes avides qui, envifageant dans la perfpective d'une fub-verfion générale des chances incalculables des fortunes, firent retentir par-tout les clameurs de l'infubordination, les cris de la révolte. La prefque totalité de la nation françaife applaudit à cet efprit de fédition, qui devoit caufer fa honte & fa ruine, le plus grand nombre penfant par ce moyen acquérir plus d'importance & de fortune.

Ces difpofitions mirent entre les mains des factieux toutes les forces qui réfultent des paffions humaines, ils confolidèrent cette puiffance par la licence, & par des profufions de toutes les efpèces; chacun calcula fes profits fans en confidérer la fource, ni fans s'embarraffer des fuites. L'aviliffement de tout ce qui étoit refpec-table ou honoré, la violation des proprié-tés, les violences exercées par le fer & par le feu dans l'afile des particuliers, ne purent infpirer de l'indignation pour un pouvoir qui fignaloit fes premiers pas par des forfaits; il étoit cependant aifé de pré-voir que ces actes d'une tyrannie finguliere,

annonçoient les premières fureurs d'un defpotifme qui bientôt accableroit tout de fa
puiffance ; mais la juftice, l'honneur, l'humanité, tous les principes d'une morale
falutaire furent méconnus par les effets de
l'ambition & de la cupidité. Tous les efprits
étoient exaltés par les vociférateurs des droits
de l'homme ; témoignage que la propriété
funefte de ces maximes infenfées eft de fervir à conftituer la plus violente tyrannie ;
mais pour s'en convaincre il fuffira de confidérer cette nation, prétendue fouveraine,
on la verra livrée aux fureurs du plus fan-
glant defpotifme, n'envifageant que des
échafauds & une terre arrofée de fon fang.

Il eft évident, pour quiconque connoît
l'impérieux des décrets d'un fénat régicide,
que c'eft comme efclaves que les foldats
français combattent, que c'eft comme efclaves que les artifans travaillent, que les payfans cultivent les terres ; la parole, la penfée, tout eft efclave. Quelques defpotes
ordonnent, & des milliers d'hommes font
raffemblés comme des troupeaux, & deftinés à être les défenfeurs de leur tyrannie ;

le reste est classé selon leurs volontés ; la débile vieillesse, ce sexe & l'enfance que par-tout on épargne, doivent cultiver les campagnes, dont le produit est à la disposition de leur puissance, dont ils réglent arbitrairement la distribution : n'en accordant à ces cultivateurs que ce qu'il en faut pour prolonger leur pénible existence, prodiguant le reste aux armées, maîtrisant les soldats par la terreur du supplice, les provoquant au courage par le vin, par la débauche ; protégeant tous ceux qui, nés pour les forfaits, ne savent servir que sur la route du crime. Il n'y a pas une créature humaine sur cette malheureuse terre qui n'ait une destination affreuse : les unes sont marquées pour périr par la guerre, les autres pour prolonger cette durée de destruction, & telle est la tyrannie de ce gouvernement homicide, que toutes les facultés d'un peuple de vingt-quatre millions d'ames sont employées à sa ruine, ses bourreaux seuls prospèrent.

Cependant que l'on récapitule le sang qui a été versé pour établir cette exécrable puiſſance, les échafauds n'ont ceſſé pendant deux années d'en être fumans, & dans quelques circonſtances ces homicides trouvant, au gré de leur ardeur ſanguinaire, la machine infernale trop lente, faiſoient maſſacrer par milliers les victimes de leur rage; les cœurs de ces impitoyables n'ont jamais été touchés par les cris de ces infortunés. Il n'y a pas une ſeule famille qui n'ait eu des larmes à répandre, pas un aſile où la terreur n'ait pénétré, pas une propriété qui n'ait été violée, pas un temple que l'on n'ait profané & pillé; lois, juſtice, religion, tout ce qui protège l'exiſtence ſociale, a été immolé par des furieux qui oſèrent parler de liberté, lorſqu'on étoit plus libre dans les cachots que dans le pays ſoumis à leur puiſſance; qui parloient de juſtice, quand ils employoient plus de millions à ſalarier des aſſaſſins qu'il n'en faut pour les beſoins d'un empire.

Ils ont ruiné en dix-huit mois un pays riche de deux milliards, riche d'un commerce dont les profits balançoient celui de tous les Etats européens, riche de la plus

féconde

féconde industrie ; fortune publique , fortunes particulieres , tout est à la merci d'un
numéraire qu'ils augmentent au gré de leurs
besoins ; les produits de la terre , les animaux qui servent à la cultiver ou à la nourriture des hommes ; la vie , l'existence du
peuple françois , tout est dans leur dépendance. Grande & mémorable expérience !
qui prouve que la souveraineté du peuple
est le chemin infaillible de la tyrannie la
plus dévorante.

Telle est cependant la conséquence de
ces principes désastreux , dont la pratique
tend évidemment à intervertir l'ordre des
sociétés , à anéantir les institutions les plus
respectables , à transformer les nations ci-
vilisées en peuples barbares. Jean-Jacques
Rousseau fut un de ces écrivains promo-
teur de ces principes funestes ; on crut que
le plus insociable , que le plus farouche des
mortels , que le plus insensible des peres
réunissoit toutes les lumières , toutes les
vérités. On ne fut point choqué des con-
trastes de sa vie avec les maximes qu'il
enseignoit, on ne fut pas même frappé de

B

fes contradictions ; génie incendiaire, il immola tout à fon orgueil ; c'est ce qui lui fit dire que *l'homme étoit né libre & que par-tout il étoit dans les fers.* Quoi l'homme est dans les fers, lorfque par-tout en Europe il a la difpofition libre de fa perfonne, lorfqu'il trouve par-tout l'appui des lois qui protégent fa fureté & garantiffent fa propriété! Et quelle est donc l'exiftence fociale que ce charlatan atrabilaire penfe devoir être la plus fortunée? La vie des fauvages, vie où l'homme fans morale, fans lois, fans religion ne fait vivre que par la deftruction, où il erre miférablement dans d'affreufes & immenfes folitudes, encore trop bornées pour les petites peuplades qu'elles féparent, où les habitans, toujours enclins à fe détruire, fe complaifent à faire fouffrir des tourmen inouis aux malheureux que le fort de la guerre livre à leurs fureurs. Que l'on dife que malgré ces défavantages le fauvage aime & préfere fon exiftence ; je répondrai que la brute préfere auffi la fienne ; mais dans cet état barbare une créature humaine n'offre certainement que l'image incomplette de ce qu'elle doit être. Je ne reconnois l'homme que dans la créature augufte qui par la penfée s'élève jufqu'au trône de l'Éternel, qui religieux comprend que le repentir de la faute, & la fatisfaction dans la vertu, font un témoignage éclatant de la volonté fuprême, qui fent dans fon cœur la loi qui lui prefcrit d'être fincère, jufte, bienfaifant; qui juge que les penchans criminels néceffitent des lois repreffives, effentielles à la fureté de tous. C'eft par toutes ces circonftances, c'eft par un fentiment que l'on ne peut méconnoître qu'il eft du devoir des mortels de refpecter leurs princes comme les organes d'une volonté fuprême.

Auffi combien ils font criminels ces téméraires, qui altèrent une fubordination effentielle, en perfuadant aux hommes qu'ils font nés pour l'indépendance, qu'ils font appelés à être leurs propres légiflateurs; un peuple qui fe laiffe féduire par de pareilles impoftures, fe trouve bientôt dans un état de confufion qui lui fait méconnoître les lois divines & humaines. Il faudroit fe perfuader de cette grande & augufte vérité, c'eft qu'il n'y a d'autre fouveraineté dans le monde que celle de l'Eternel; tous les hommes ne font appelés qu'à remplir des devoirs, & ceux des rois font les plus auftères.

Malheur à la nation qui ne reconnoîtra d'autre principe légitime d'autorité que celui de la volonté générale; on voit que toutes les iniquités, tous les crimes, tous les fléaux en ont été la conféquence; preuve manifefte des châtimens de l'Eternel envers un peuple qui méconnut les lois immuables de fa juftice; mais on le verra à force de calamités, effrayé de fon exiftence affreufe fe rallier au premier homme qui lui parlera de Dieu, de fes vengeances, de fa miféricorde. En attendant on peut garantir que tout gouvernement qui fera le produit de la volonté générale, fera inconftant, factieux, tyrannique, homicide.

De l'égalité des droits.

L<small>A</small> déclaration des droits de l'homme a été accueillie par tous les hommes difciples des modernes philofophes, avec autant d'enthoufiafme que fi elle eût été reçue des mains de la divinité de leur création, *de la nature.* C'eft après cinquante fiècles d'expérience que l'on apprend aux mortels que jufqu'ici leurs droits ont été méconnus. C'eft après cinquante fiècles que l'on vient leur dire que tout ce qu'ils ont révéré eft l'ouvrage de l'erreur & de la fuperftition, que féduits par des impofteurs, qu'abufés par de vils préjugés, il eft temps de les rendre à la dignité de leurs droits primitifs, à la dignité de ces droits facrés & inviolables, dont l'évidence fe manifefte avec l'éclat de la lumière.

Pour apprécier ces étranges maximes il suffira de considérer l'homme tel qu'il plut à l'Eternel de le former ; il le doua d'une intelligence singulière, il le fit le plus capable des êtres animés ; mais il lui imposa en même temps la tâche pénible d'être en tout l'artisan de son existence ; de cette nécessité dérive invinciblement l'inégalité des conditions. Si les hommes eussent trouvé, ainsi que les animaux, leur nourriture, leur vêtement, leur domicile, préparés par la nature de la manière qui leur fût la plus analogue, il est indubitable qu'ils seroient alors tous nés égaux en droits, & qu'ils eussent vécu dans le régime d'une égalité absolue ; mais au contraire ils ne purent rien se procurer de convenable à leurs besoins qui ne soit le fruit du travail & de leur invention ; de cette circonstance dérive évidemment le droit de propriété. L'homme ne dut cultiver un champ que lorsque les produits lui en eurent été garantis ; en conséquence des lois, des conventions furent faites ; plus d'intelligence, une plus grande assiduité dans le travail, des événemens finguliers, les accidens ordinaires de la vie, toutes ces caufes firent que l'inéga-lité des fortunes commença avec l'origine des fociétés ; l'un eut du fuperflu, tandis qu'un autre manqua du néceffaire : dès-lors il y eut des hommes puiffans & des hom-mes dépendans. L'opinion fe compofa de ces différences, l'on obtint d'autant plus d'égards, d'autant plus de refpects que l'on fut en état de fournir à la fubfiftance d'un plus grand nombre de fes femblables, que l'on put concourir davantage à leur bien-être. Telle a été la marche de la nature de-puis l'origine du monde.

Une particularité bien remarquable eft que par tout où il y a des hommes civi-lifés, ils préfèrent d'obéir à ceux qui fe trouvent dans une condition fupérieure à la condition commune ; & jufques dans les démocraties l'on voit les familles que l'o-pinion diftingue être préférées, le plus fou-vent, pour les places d'autorité ; difpofi-tion convenable, puifque l'infamie frappe de toute autre manière l'homme d'une mai-

fon honorée, que celui qu'aucune particularité ne diftingue.

La tendance naturelle des hommes en fociété eft vers l'inégalité, & l'opinion fanc-
tionne par-tout cette difpofition, lorfqu'elle
n'eft pas troublée par des circonftances ex-
traordinaires. Ce que j'ai à ajouter confir-
mera cette expérience & cette théorie.

L'homme, cette créature que Dieu dif-
tingua par tant d'avantages, qu'il deftina
à être le maître du monde; qui fit plus,
qui lui donna la faculté immortelle de connoître fa puiffance & d'en célébrer la gloire;
l'homme, dis-je, eft de tous les êtres le
plus miférable quand on le confidère fous
l'afpect d'une vie ifolée; indication affez
fenfible que fa deftination eft de vivre avec
& pour fes femblables. L'homme a befoin
de l'homme, c'eft par le concours des facultés de plufieurs qu'il parvient à l'exif
tence qui lui appartient. Que l'on récapitule tout ce qu'exigent fes différens befoins; fa nourriture; néceffité des cultivateurs; fon domicile, plufieurs efpèces d'ou-
vriers; fon vêtement, des artifans; la fu-

reté particulière, des magiftrats, la fureté
générale de la fociété, des guerriers ; &
l'enfemble une autorité prédominante. Mais
la diverfité de ces états différencient les
individus, non - feulement dans leurs habitudes, dans leurs mœurs, dans leurs
préjugés ; mais encore dans leurs capaci-
tés, dans leurs propriétés : de manière que
de l'enfemble de ces différences réfulte la
poffibilité de la vie fociale.

N'eft-il pas dans la nature que les enfans
des payfans foient plus propres à la cul-
ture des campagnes ? que ceux des artifans
foient mieux difpofés pour les arts & métiers ? que les fils des magiftrats aient plus
d'aptitude pour les fonctions judiciaires ?
enfin que les defcendans des familles que
l'opinion diftingue foient plus fufceptibles
de fe pénétrer de ces préjugés qui font
que la vie eft moins chere que l'honneur
qui doit la rendre fans tache ?

S'il y a une chofe démontrée dans l'exiftence des fociétés, c'eft l'inclination des
enfans à fe pénétrer des fentimens analogues à la condition de leurs peres ; l'exemple

eſt leur éducation première, & communément moins cette éducation eſt altérée,
plus elle eſt convenable, plus il en réſulte
d'accord dans l'enſemble. On peut donc
en conclure que l'inégalité des droits & des
conditions eſt dans la nature de la vie ſociale; cependant une compenſation bien
remarquable eſt dans le bonheur qui ſe
concilie avec tous les états, & s'il a quelque préférence, elle n'eſt pas en faveur de
ceux que la fortune & les honneurs diſtin-
guent; témoignage éclatant d'une provi-
dence univerſelle qui fit de la félicité le
partage de la médiocrité & des conditions
communes.

Puiſqu'il eſt dans la nature que la conſ-
tance dans les habitudes, que la diverſité
dans les conditions faſſent l'harmonie de
l'exiſtence ſociale, il doit réſulter que moins
ces habitudes ſeront conſtantes, que moins
l'inégalité ſera ſenſible, plus il y aura de
troubles, d'agitation, de déſordres dans
une ſociété nombreuſe, parce que, man-
quant de la force de réſiſtance qui réſulte
de l'oppoſition d'intérêts différens, il faut

que tout foit agité par les effets de l'ambition & de prétentions générales. Rien n'étant limité, chacun peut & veut atteindre aux honneurs, à l'autorité, aux richeffes; la paffion de dominer frappe tous les efprits, la cupidité agite toutes les ames, des flots de fang coulent par le crime des ambitieux; tout devient légitime alors qu'il n'y a plus d'autre droit que celui du plus entreprenant; les factions fe multiplient & fe fuccedent avec violence; le pouvoir eft fans ceffe arraché des mains qui fe le font approprié, & cet état de défordres continue jufqu'à ce que la plus grande des inégalités foit établie, celle du defpotifme qui contient tout dans le filence & dans la crainte.

Ce qui prouve encore que la diverfité dans les conditions eft dans la nature humaine, c'eft qu'il n'y en a pas de plus réelle que celle qui eft établie par l'opinion. Les hommes s'abaiffent par-tout en préfence de ce qui les domine; & des différences qui peuvent les diftinguer dans leur pofition relative; il n'y en a pas qui leur

en impofe davantage que celle de la fortune. Dans tous les temps, dans tous les
lieux, cette différence a déterminé aux
égards, aux refpeéts, & cette inclination
domine jufques parmi les philofophes qui
ont le plus cenfuré cette difpofition ; j'en
citerois cent exemples, anciens & modernes, fi cela étoit néceffaire ; mais il fuffira
de nommer Jean-Jacques Roufleau qui,
en théorie, nous vante l'indépendance, les
charmes d'une vie fimple & éloignée des
grandeurs, & qui, en pratique, préféra
conftamment le théâtre de l'opulence & le
domicile des riches.

Le plus ou le moins de fortunes a été la
fource des diftinctions parmi les hommes.
C'eft par là que l'on fut citoyen dans une
démocratie, patricien dans Rome, noble
dans une monarchie ; auffi eft-ce une grande
erreur, de penfer que les vertus décidèrent
d'abord de ces différences ; mais un légiflateur habile s'applique à diriger vers l'amour
de certaines vertus la claffe déjà confidérée
des propriétaires aifés, & en la conftituant
d'une manière qui la diftingue honorable-

ment, il frappe les individus qui la compofent d'une crainte particulière du blâme;
il les paffionne pour les vertus héroïques.
L'honneur, cette délicateffe, cette chafteté
de fentiment, qui ne fouffre aucune tache,
fut impofé d'une manière particulière aux
hommes, à qui la loi donnoit une pofition éminente, & fe trouvant dans une plus
grande évidence, ils en étoient d'autant
mieux fous la cenfure publique.

Il ne faut point d'art pour faire aimer
les richeffes; mais il en faut beaucoup pour
imprimer cette fierté de fentiment qui fait
préférer la gloire, pour contraindre, dans
des circonftances impérieufes, à faire du
dévouement de la vie un facrifice volon-
taire. Auffi on a beaucoup trop vanté dans
ces derniers temps le mérite d'un état dont
le feul but eft d'accroître la fortune de celui qui l'exerce. Il n'y a rien à ajouter aux
récompenfes de celui qui fe paie par fes
mains; un négociant trouve tout ce qu'il
cherche dans fes profits, & fi par les effets
de fon commerce il améliore l'exiftence de
tous, & augmente la puiffance de l'Etat;

ces réfultats n'entrent pour rien dans fes motifs ; le gré qu'on peut lui en favoir, n'eft jamais compté pour recette.

Mais qu'eft-ce qui récompenfera un magiftrat intègre, un guerrier magnanime, fi on ne fait pas honorer la vertu, la valeur. Un gouvernement qui croit avoir tout acquitté quand il a fourni aux gages de ceux qu'il emploie, ne falariera bientôt que des hommes fans courage, comme fans honneur. Les hommes ne fe ftimulent aux grandes actions, ne font fufceptibles de hautes vertus, de facrifices remarquables, que par l'amour des diftinctions fignalées & durables ; ils fe paffionnent pour l'immortalité, ils aiment à vivre dans la mémoire des races futures ; & eft-il un moyen plus efficace de leur préfenter cette noble perfpective que dans la garantie que leur race fera honorée, que leurs enfans feront les premiers enfans de la patrie ? Les Romains, fi héroïques en tout, fe diftinguèrent particulièrement par leur refpect pour les familles illuftres & anciennes de leur république ; auffi tous les peuples enfemble n'ont pas fourni plus de grands hommes que le feul ordre des patriciens de Rome.

La briéveté de la vie ne peut fuffire aux grands cœurs, ils dédaigneroient la gloire s'ils penfoient qu'elle ne dût pas leur fur-vivre ; mais ils ont pour garans de l'im-mortalité les fentimens préjugés des races futures ; le refpect que l'on éprouve pour la mémoire d'un homme qui a illuftré fon pays, prouve affez que cette prétention n'eft pas chimérique. Là où l'on vénère les tombeaux des grands hommes, là où l'on honore leurs defcendans, là fe compofent les ame s fortes & vigoureufes.

L'efprit qui anime un ordre que des pri-vilèges particuliers d'honneurs diftinguent, fe forme de tout ce qui peut frapper les hommes d'admiration ou d'eftime. Cette circonftance feule démontre l'avantage de ces inftitutions ; où tout eft égal, il n'y a que de la cupidité, l'avarice abforbe tout. Mais tel étoit l'empire de cette légiflation, de l'opinion fur cette chevalerie célèbre qu'elle fut le modèle de toutes les vertus loyales, comme le foutien de l'honneur

fans tache. Alors l'expérience étoit confidérée, & le magiftrat vénérable, comme
l'ancien militaire, imprimoient un refpect
qui avoit quelque chofe d'un fentiment religieux; la philofophie moderne a tout dé-
gradé; les livres fe font multipliés, & par
eux les fauffes lumières, les connoiffances
oifeufes ont fupplanté ce que nos ancêtres
refpectoient. Bien plus fages, s'ils étoient
moins habiles, ils craignoient Dieu, ils
honoroient leur prince, ils pratiquoient les
vertus qui donnent de la ftabilité aux bon-
nes mœurs, à ces mœurs qui font chérir
la vie domeftique.

Le défaut capital de prefque tous les
grands écrivains de ce fiècle eft d'avoir
méconnu la propriété, d'avoir altéré la
fource de ces inftitutions falutaires qui produifent les grandes vertus, épurent nos
penchans, & nous font envifager d'autres
biens que ceux qui ne font que tempo-
rels; il n'y a pas une opinion refpectable
qui ne puiffe être défigurée par une ana-
lyfe infidieufe; tous ces raifonnemens fub-
tils ne fervent qu'à conftituer l'égoïfme;
pour-

pourquoi feroit-on reconnoiſſant, bienfai-
ſant, fidèle à l'honneur, lorſqu'on ne reconnoîtra plus d'autre arbitre que l'intérêt
d'une exiſtence phyſique ? & cette diſpoſition eſt encore une conſéquence du ſyſ-
tême de l'égalité. Ne pouvant plus être
honoré, ni même diſtingué ; ne pouvant
jamais être qu'un homme de la multitude,
il ne reſte rien de mieux à faire que de
cacher ſa vie, & de vivre dans l'inſou-
ciance de ce qui ne ſera pas perſonnel.
La cupidité pourra inſpirer un zèle hypocrite, on fera tout pour l'avarice ; mais
rien pour l'honneur, la gloire, la vertu.
Digne réſultat de ces conceptions barbares qui, produites par des légiſlateurs inſenſés, fondèrent la tyrannie la plus homicide.

La conſéquence la mieux démontrée de
cette légiſlation moderne, eſt d'avoir produit des monſtres capables de dépeupler
la terre ; des milliers de tigres déchaînés
n'euſſent pas fait un carnage plus grand de
l'eſpèce humaine ; mais l'infaillible propriété
de ces maximes eſt d'agiter la multitude

C

de prétentions perturbatrices ; auffi l'a-t-on vue aux premiers cris de l'égalité fe précipiter en foule fur tout ce qui avoit de l'éclat , & renverfer continuellement & fans diftinction les hommes du premier rang, jufqu'à ce qu'elle ait été domptée par la terreur d'un defpotifme qui a tout fait fléchir fous la violence de fes procédés.

Un gouvernement fera toujours d'autant plus modéré que les lignes de démarcation entre les différentes conditions feront mieux connues. Il eft convenable que là où eft la force du grand nombre , là foit la modération ; & ce fentiment devient naturellement celui de la multitude , lorfqu'il exifte une claffe d'hommes que des privilèges honorifiques diftinguent ; il eft encore convenable qu'entre cette claffe & ce que vulgairement on appelle le peuple , il y en ait plufieurs intermédiaires qui, fans avoir les mêmes privilèges que la première , foient néanmoins diftingués par des préférences pour des places qui conviennent mieux à l'aptitude des hommes qui les compofent;

il eſt enfin néceſſaire que les manières concourent à nuancer ces différences ; par elles
s'établit cette réciprocité d'égards dont réſulte la douceur des mœurs, & par cet
enſemble de circouſtances eſt produite cette
heureuſe émulation d'où naiſſent les inclinations généreuſes & les talens. L'homme
d'une intelligence diſtinguée, d'un mérite
remarquable trouve alors ſans crime & ſans
effort, à prendre une poſition relative plus
avantageuſe, & ſi la nature l'a doué d'un
mérite éclatant, il peut prétendre aux ré-
compenſes qui illuſtreront ſon nom & ſa
poſtérité.

Je conclurai de ces réflexions que les
hommes ont beſoin pour leur bonheur
d'être tempérés par l'inégalité des conditions ; par elle s'établit & ſe maintient
l'harmonie dans un grand enſemble, par
elle chaque partie différenciée fait réſiſtance, & limite les prétentions du grand
nombre. Il en réſulte auſſi que par - tout
où exiſte cet effet de contrepoids, le gouvernement eſt ſans alarmes, & par cette

raifon porté à la douceur ; mais l'expérience prouve auffi que moins il y a de ces différences, plus l'autorité première eft impérieufe ; & fi le defpotifme aime l'égalité, il en redoute encore plus les effets ; c'eft ce qui détermine & néceffite fes violences.

De la démocratie.

LES facrifices impérieux que prefcrivent les lois d'une république populaire ne conviendront jamais à une nation qui a exifté fous un régime moins auftère, tel qu'eft celui de tous les Etats européens, où les hommes ont la difpofition de leurs perfonnes dans tout ce qui n'offenfe ni la tranquillité, ni la fureté publique ; auffi fous le prétexte de créer la liberté politique dans ces Etats, on n'y établira jamais que la deſtruction & la mort.

Il n'y a point de démocratie là où le peuple n'exerce pas en corps le pouvoir judiciaire, là où il ne prononce pas ſur la guerre, ſur la paix, là où il ne décide pas de tout ce qui intéreſſe la république ſoit dans ſes lois, ſoit dans ſon adminiſtration (1); mais quand on parle d'un tel peuple, on ne peut entendre qu'il ſoit queſtion de la populace d'un grand empire, eſpèce qui par-tout s'ameute à la voix de la licence, & qui par-tout ne peut être contenue que par la crainte.

Une conſtitution démocratique commande de faire diſparoître tous les intérêts perſonnels en préſence de l'utilité générale. Il faut dans ce gouvernement que l'amour de l'obéiſſance ſoit plus grand que l'amour de l'autorité; il faut aimer les lois qui contrai-

_____

(1) Ce qui indique une démocratie n'eſt praticable que dans un Etat dont le territoire a peu d'étendue.

gnent autant que celles qui favorifent. Les opinions religieufes doivent y être au plus haut degré de refpect.

Ces conditions font néceffaires parce qu'un peuple qui exerce le pouvoir judiciaire, doit être toujours équitable pour faire régner toujours la juftice ; parce qu'un peuple dont la volonté détermine tous les actes publics, doit vivre dans la crainte de Dieu, afin d'être en garde contre la féduction des intérêts perfonnels ; parce qu'il faut que les citoyens aiment la gloire & qu'ils haïffent l'ambition ; parce qu'il faut que toutes les actions, tous les féntimens concourent au bien public, harmonie que la vertu feule peut rendre durable.

Je ne puis me refufer de citer à ce fujet un paffage du célèbre Montefquieu : " Lorf-
" que la vertu (dit-il) ceffe dans une ré-
" publique, l'ambition entre dans tous les
" cœurs qui peuvent la recevoir, & l'ava-
" rice entre dans tous. Les défirs changent
" d'objets, ce qu'on aimoit on ne l'aime
" plus ; on étoit libre avec des lois, on
" veut être libre contre elles. Chaque

„ citoyen eſt comme un eſclave échappé
„ de la maiſon de ſon maître ; ce qui étoit
„ maxime on l'appelle rigueur , ce qui étoit
„ règle on l'appelle gêne, ce qui étoit atten-
„ tion on l'appelle crainte ; c'eſt la frugalité
„ qui y eſt l'avarice, & non pas le déſir d'a-
„ voir ; autrefois le bien des particuliers
„ faiſoit le tréſor public , mais pour lors le
„ tréſor public devient le patrimoine des
„ particuliers. La république eſt une dé-
„ pouille, & ſa force n'eſt plus que le pou-
„ voir de quelques particuliers & la licence
„ de tous. ”

Il eſt à obſerver qu'il eſt dans la nature
d'une conſtitution démocratique d'y conſ-
tituer des habitans ſujets , & ſouvent des
eſclaves. Un citoyen ne ſeroit plus l'homme
de la république, ſi ſes beſoins le contrai-
gnoient à exercer une profeſſion ſervile , il
ne doit dépendre que de l'utilité générale,
& dans tous les momens il appartient à ce
qu'elle commande. C'eſt par cette raiſon
qu'il eſt néceſſaire, dans ce gouvernement,
que les métiers des artiſans ſoient exercés

C 4

par des habitans d'une condition inférieure ; il est encore convenable que des
hommes d'une origine étrangère n'y jouif-
fent pas d'abord des privilèges de citoyen.

La domesticité, & j'entends par ce mot
les travaux qui se renouvellent journelle-
ment pour l'utilité ou la commodité d'un
maître, ne pourra, dans un tel gouvernement, être pratiquée que difficilement par
des hommes d'une condition indépendante,
parce que l'autorité d'un citoyen, dans sa
maison, doit être la plus grande possible ;
parce que la crainte doit dompter toute volonté dans celui qui ne doit qu'obéir, parce
que le respect de celui qui sert doit être le
plus grand pour celui qui ordonne ; parce
qu'enfin des hommes qui se trouvent dans
une condition très - inférieure, doivent être
contenus, dans un gouvernement populaire, par des lois très - sévères, autrement
l'Etat pourroit être bouleversé par la force
d'une populace toujours dangereuse lorsque
des ambitieux parviennent à l'ameuter.

En considérant la nécessité de ces conditions pour une république démocratique,

on verra combien il feroit extravagant d'en faire l'application à un Etat européen quelconque ; combien il feroit abfurde de faire concourir à la confection des lois des hommes qui, par leurs mœurs, par leurs habitudes, par leurs paffions, ne doivent les confidérer que dans le rapport de leur intérêt perfonnel, & par conféquent les mettre dans une difpofition à s'opprimer avec violence. Si je voulois appuyer ce que je dis par des exemples modernes, je les trouverois dans toutes les pages de la révolution françaife ; mais l'expérience nous enfeigne d'ailleurs que la tendance naturelle de tous les gouvernemens populaires eft vers l'ufurpation, & nous les voyons en tourmente jufqu'à ce qu'ils foient fubjugués par l'autorité d'un feul.

Si l'on oppofe à ce que j'avance la durée de la confiftance démocratique de quelques Cantons Suiffes ; je répondrai que la continuité de ces gouvernemens eft l'ouvrage de la nature ; là une ftructure locale particulière protège ces Cantons dans leur exiftence partielle, & la rend pacifique ; là

plufieurs particularités s'oppofent à de certaines diftinctions de luxe. On peut dire de
ces pays que la liberté y eft fous la garde
de la nature : je pourrois ajouter qu'elle
étoit encore fous la garde de la monarchie
françaife.

Ce ne fera pas une digreffion que de
faire ici quelques rapprochemens des principes abfurdes de nos modernes légiflateurs : ils appellent démocratique un gouvernement où toutes les volontés font pa-
ralifées, où le peuple fait des élections
pour n'élire que des électeurs, où il ne
difpofe immédiatement que de quelques
miférables places municipales ; un gouvernement où l'on déclare que fept cents repréfentans voudront pour une nation de
vingt-quatre millions d'ames, à laquelle
on ne laiffe que le foin de fournir aux
profufions de leur brigandage ; où l'égalité
confifte à ce que chacun foit également
ignoble ; où il faut être athée pour être
un bon citoyen ; où enfin la fortune publique, comme les fortunes particulières,
feront à la merci d'un fénat qui pourra

être compofé de *fansculottes* (1). Conftitution pour laquelle la nation françaife fe détruit ; dont elle ne verra, vraifemblablement, jamais le commencement ; cette nation peut compter fur la durée de fon anarchie révolutionnaire jufqu'à ce qu'elle foit épuifée ou délivrée.

Du gouvernement monarchique.

LES gouvernemens dérivent du befoin que les hommes ont d'être gouvernés ; on ne pourroit concevoir deux familles réunies fans une autorité qui en maintienne l'enfemble ; mais pour que cette autorité puiffe remplir convenablement les conditions qui la rendent néceffaire, il faut

(1) Cette Conftitution eft celle qui doit fuccéder au gouvernement révolutionnaire.

qu'elle foit fondée fur une bafe qui la rende indépendante de ceux qui doivent obéir. C'eft pourquoi l'on a vu prefque tous les gouvernemens garantis par la religion ; c'eft par-là qu'ils acquièrent ce caractère qui les rend d'autant plus refpectables ; c'eft par cette raifon auffi que l'époque où certaines opinions religieufes s'affoibliffent, eft fouvent en même temps celle des révolutions qui renverfent les empires.

On a plufieurs fois agité de favoir quel étoit le meilleur gouvernement, queftion que l'on ne réfoudra jamais de manière à pouvoir en faire une application générale, parce que ce qui eft convenable à une localité, à un certain peuple, ne l'eft plus à tel pays, à telle nation. Mais on peut penfer que le meilleur gouvernement eft celui où les paffions nuifibles des hommes fe trouvent le plus heureufement limitées, celui où chacun eft le mieux garanti dans fes droits perfonnels ; ces droits confiftent dans la fureté individuelle, & dans l'affurance de la difpofition libre d'une propriété quelconque ; tel eft le but des inftitutions fociales. Cependant s'il n'y avoit d'autre objet que celui d'être garanti dans fa propriété & dans fa perfonne, des magiftratures fuffiroient pour réprimer des infractions & faire droit à l'offenfe; mais fi l'intérêt privé s'arrête ici, l'intérêt général n'a encore acquis aucune fureté, & c'eft là que commence l'importance d'un gouvernement; chargé du dépôt de tous les intérêts de l'enfemble, il eft le régulateur de tout ce qui peut concourir à la profpérité publique, il eft le gardien qui veille au-dedans & au-dehors.

Il s'agit maintenant de favoir fi, dans de telles circonftances, le gouvernement monarchique ne fera pas celui qui aura le mieux les propriétés néceffaires. Je penfe qu'il eft le feul convenable dans le cas où un peuple nombreux occupe de vaftes contrées, qu'aucunes grandes difficultés ne circonfcrivent en portions particulières; c'eft alors qu'il eft important que l'autorité foit prompte, indépendante & fur-tout impartiale, afin qu'elle puiffe affurer également les droits & la fureté de tous.

Le pouvoir royal aura le mieux ces propriétés, parce qu'ordinairement il n'agit point par paffion, & qu'il ne peut être troublé par des intentions oppofées, ni balancé par des prétentions rivales; une autorité première, lorfqu'elle eft partagée, agite toujours d'ambition ceux qui n'en difpofent que par une faculté collective, & dans ce cas il y a plus de jaloufie, plus d'agitation, plus d'inquiétude, que là où il n'y a qu'un monarque.

Le pouvoir royal eft le plus défirable, parce qu'il eft de fon intérêt, comme de fon effence, de maintenir chacun dans fes droits refpectifs, fon exiftence particulière en dépend. Je dirai qu'il doit être le plus bienfaifant, parce que tous les individus compris fous fon autorité, ont des rapports d'utilité avec fa puiffance; que tous concourent à fa grandeur; il eft le plus durable parce qu'il eft le moins fufceptible de factions; il eft le plus pacifique parce que la guerre le compromet toujours plus ou moins.

Que l'on prenne cent années d'un gouvernement monarchique européen quelcon-

que, & que l'on les compare à cent autres
années d'un Etat républicain, foit de la
Grèce ou de Rome, l'on verra que les gouvernemens monarchiques font bien moins
ambitieux que les Etats populaires : l'on
verra que les procédés d'un gouvernement
royal font bien moins deftructeurs que ceux
d'un gouvernement démocratique, dans
celui ‑ci les prifonniers deviennent prefque
toujours efclaves, dans celui‑là ils recou-
vrent leur condition ordinaire ; dans l'un
c'eft quelquefois un combat à mort, dans
l'autre ce n'eft fouvent qu'un glorieux
triomphe. Les fauvages qui de tous les
hommes font les moins contraints, font la
guerre d'une manière atroce.

Cependant fi l'on confidère l'Europe ;
depuis que fes gouvernemens ont pris une
confiftance folide, on verra que des pays
d'une dimenfion de trente mille lieues quar-
rées n'ont pas, dans l'efpace de cent ans,
éprouvé la moindre altération dans leur
exiftence de paix ; les trois quarts de la
France n'avoient pas vu une troupe ennemie depuis plus d'un fiècle.

Il faut néanmoins convenir que la guerre eft par efpace de temps néceffaire pour entretenir un grand peuple dans la difpofition de valeur effentielle au maintien de fon indépendance. Ce fut bien moins le luxe que la paix qui dégradèrent le courage des foldats romains. La guerre eft un mal affreux, mais qui a l'avantage de rappeler les hommes à des fentimens d'honneur & de gloire.

Je dois dire encore en faveur du gouvernement monarchique qu'il eft naturellement ami des arts & de l'induftrie, qu'il favorife toutes les inclinations utiles, qu'il réprime les penchans vicieux & criminels. Il acquitte par des diftinctions honorables les récompenfes que l'honneur réclame, & que l'argent n'acquitteroit pas auffi bien; il les rend perpétuelles ou viagères felon les avantages qui les différencient; par les unes il répare les vides dans la claffe des familles diftinguées, par les autres il marque d'un figne refpectable l'homme qui s'en eft rendu digne, ou celui dont les ancêtres réclament une faveur éclatante; par

toutes

toutes il ftimule aux vertus loyales , par
toutes il difpofe aux fentimens d'égards,
de confidération & de refpects qui, en maintenant parmi les hommes un efprit de fubordination néceffaire, concourent à l'harmonie du tout ; & environnent le trône de
ce qu'il y a de plus honoré, il en imprime
d'autant plus de refpect pour la dignité
fuprême.

Telles font les propriétés du gouvernement monarchique ; mais la plus remarquable, comme en même temps la plus
avantageufe, eft dans la manière dont le
pouvoir judiciaire y eft conftitué ; indépendant dans fon action, il ne prend confeil que de la loi qui doit déterminer fes
jugemens, & s'il arrive que l'efprit de cette
loi foit méconnu, ou que l'application n'en
foit pas fincère, c'eft qu'il n'appartient qu'à
Dieu d'être toujours fans paffion comme
fans erreur. Cependant par un efprit d'é-
quité, qui fe remarque fingulièrement dans
les monarchies, on y trouve établi une
gradation de tribunaux, afin que les jugemens définitifs foient en dernière inftance

D

prononcés par une magiftrature plus grave, mieux éclairée.

Il eft dans la nature de ce gouvernement que celui par qui ces inftitutions font établies & maintenues, ait la nomination des fujets qui doivent en faire l'application, & cela eft convenable. Un monarque n'affectionne point des individus, il affectionne l'enfemble ; l'intérêt particulier ne peut que rarement l'atteindre, l'intérêt de tous ne l'abandonne jamais, & c'eft en cela que ce gouvernement a quelque chofe de vraiment paternel ; par ces raifons & pour le plus grand avantage des jufticiables il convient donc que la nomination aux places de fonctions judiciaires appartienne au chef fuprême. Il n'en fauroit être de même du peuple dont les fentimens fe compofent de paffions variables & capricieufes, qui ne peut avoir de détermination que par des affections faciles à faire naître & à détruire.

Il eft à remarquer qu'il eft dans la convenance du pouvoir judiciaire que ceux qui en exercent les emplois foient inamo-

vibles, parce que la juftice aime l'expérience & qu'elle demande de la capacité. L'efprit bienfaifant du gouvernement
monarchique confacre cette mefure ; & une
de fes plus heureufes inclinations eft d'aimer à fe limiter dans fes choix. Par cette
raifon il cherche pour des fonctions honorables des hommes honorés, & il préfère
de les prendre dans la claffe des familles
que l'opinion diftingue, dans celle dont
l'efprit & l'éducation ont le plus de rapport
avec telle profeffion.

Il eft encore à remarquer que l'autorité
d'un monarque a ce caractère diftinctif de
n'agir que là où fe trouve l'intérêt de l'enfemble ; dans toutes les circonftances particulières c'eft la loi qui commande par l'organe des magiftrats ; mais ce que prefcrit
l'intérêt de la fureté générale, doit fans obftacle lui appartenir, autrement fon action
pourroit être interrompue, & alors tous les
avantages qui en font la conféquence, cef-
feroient en même temps ; dès - lors plus
de garantie, plus de fureté perfonnelle.

Si l'Angleterre offre depuis cent ans

l'exemple d'un gouvernement conciliant la royauté avec une balance de pouvoirs qui en circonfcrit les facultés ordinaires ; cette conftitution dépend fingulièrement d'une localité particulière, elle n'eut pas exifté trente ans dans un pays méditerrané ; & qu'eft - ce qui en affure la durée quand les paffions exaltées des hommes peuvent au premier moment en détruire l'harmonie ? Cependant que les Anglais fe perfuadent que tout ce qu'ils chériffent le plus dépend de l'exiftence du pouvoir royal, fi jamais il fuccombe, ils ne réverront plus les jours de la liberté.

Mr. de Montefquieu a dit que les monarchies fe perdoient dans le defpotifme, cela paroît bien plus vrai des républiques. Toutes les expériences le prouvent ; & s'il exifte depuis long - temps en Europe quelques Etats républicains, c'eft qu'ils font garantis par des monarchies ; ce gouvernement eft de tous le moins inquiet, le moins jaloux, le plus ami de l'humanité.

Cependant il y a des momens d'alarmes où, pour le falut de tous, il eft ef-

fentiel qu'il agiffe d'une manière oppofée
à fes formes accoutumées ; c'eft lorfque
des prétentions fingulières , ou des trames
dangereufes , peuvent exciter des divifions
remarquables , & troubler la fécurité de
l'enfemble ; alors il eft néceffaire que le
monarque ufe du pouvoir de la dictature ;
mais cette juftice extraordinaire demande
à être exercée avec tous les ménagemens
que prefcrit l'intérêt de l'innocence. Toutes les imaginations s'effraient lorfque l'on
voit cette faculté à la difpofition d'un miniftre qui peut s'en fervir au gré de fes
vengeances & de celles de fes créatures.
Les lettres de cachet doivent donc toutes
émaner de la main du prince , de cette
main qui feule peut & doit méconnoître
l'influence des paffions : privilège pénible fans doute ; mais que la néceffité &
une extrême circonfpection fauront adou-
cir (1).

---

(1) Il eft encore une circonftance où cette faculté
peut être employée, c'eft celle où une famille dif-
tinguée court rifque d'être entachée par les pen-

D 3

. En réfumant ce qui eft dit ci-deffus, on voit que l'efprit de juftice eft fingulièrement dans la nature du gouvernement monarchique ; difpofition que le monarque peut feconder par une attention particulière, mais qu'il ne doit jamais troubler par des préférences ; tous les hommes dans ce gouvernement ont un droit égal à fa protection, & les plus malheureux ne doivent infpirer que des foins plus attentifs.

C'eft par la juftice qu'on établit cette égalité précieufe qui fait qu'en préfence de la loi il n'y a plus de diftinctions, plus de privilèges.

Mais tous ces biens qui réfultent de la garantie générale, de la fureté individuelle, ne peuvent être affurés que par des revenus, néceffaires à l'entretien de la chofe publique, au maintien de l'indépendance de l'Etat. Cet objet eft le point le plus délicat du gouvernement monarchique.

---

chans d'un caractère dépravé ; mais cette mefure ne doit être accordée que dans le cas où elle feroit réclamée par un père ou par une affemblée de famille.

Il importe de favoir comment il con-
viendroit le mieux d'établir la faculté qui
pourra ordonner de l'étendue & de la nature de ces revenus ; s'il feroit plus avantageux de la placer de manière que celui
qui détermineroit les recettes, ne fût pas
en même temps celui qui les emploieroit.
Cette queftion eft difficile, parce quand
il s'agit de contraindre l'intérêt perfonnel
à des facrifices, il préfère naturellement ce
qui doit rendre cette poffibilité plus rare.
Mais voyons, avec impartialité, fi le Souverain, fur lequel repofe la garantie générale, la fureté particulière, fi la perfonne
qui eft la plus intéreffée à la profpérité publique ; qui a le plus à cœur l'intérêt de
l'enfemble, qui eft la plus habituée à envifager les befoins & les propriétés des diverfes parties, fi enfin celui qui, pour l'a-
vantage de tous, eft armé de toutes les
forces, ne doit pas avoir en même temps
la faculté d'affurer ce qui effentiellement fait
la vie d'un gouvernement. Il eft évident
que telle que foit la compofition du pouvoir qui aura le droit de déterminer les

fonds-applicables aux dépenfes générales, les moyens de l'exécution lui feront fubordonnés.

Mais l'intérêt de la fureté générale ne permettra jamais de circonfcrire l'autorité d'un monarque, dans un Etat continental comme dans un Etat infulaire. Une force armée confidérable, néceffairement permanente, eft indifpenfable dans l'un, tandis que dans l'autre elle peut être, relativement, moins nombreufe, & même inftantanément nulle; cette circonftance différencie fingulièrement la pofition d'un monarque dans un pays continental, d'avec celui d'un pays infulaire, & exige bien plus de ménagemens avec l'un qu'avec l'autre. Depuis l'origine du monde la force militaire a toujours fait prévaloir un pouvoir unique, & plus communément celui d'un feul.

Il eft donc très-apparent, pour ne pas dire infaillible, que dans un état méditerrané la conftitution de plufieurs pouvoirs indépendans finiroit par l'autorité arbitraire d'un feul, ou par celle d'un fénat abfolu, de toutes la plus impérieufe, la plus inquiéte. Encore eft-il vraifemblable qu'elle fuccomberoit fous l'afcendant d'un homme à grand caractère. Ces luttes, ces préten-tions fomentent des haines violentes, ré-pandent un efprit de faction, peuvent oc-cafionner une grande perte d'hommes, & font la fource de toutes fortes de calami-tés (1).

Ces inconvéniens, ces dangers, difpa-roiffent en laiffant entre les mains d'un Mo-narque la faculté de pourvoir aux dépenfes publiques; mais il ne doit jamais oublier que la confiance des peuples s'altère par la prodigalité de ces dépenfes; difpofition fa-lutaire, puifqu'elle indique au fouverain d'a-voir toujours les yeux ouverts fur l'intérêt de fes fujets, & de régler l'emploi des fi-nances avec la convenance qu'exigent les befoins du gouvernement, & la Majefté

---

(1) Je fuis bien convaincu qu'il fera toujours im-poffible de conftituer en France des états généraux de manière qu'ils s'accordent, de manière que les différens ordres puiffent fe fupporter, ils ne peu-vent être qu'une fource de troubles.

du trône, avec cet esprit d'économie que prescrit une administration paternelle.

Cependant après avoir exposé les raisons qui feront juger combien il seroit dangereux d'isoler du pouvoir royal la faculté d'impofer, il faut dire qu'il a eu à l'origine des Monarchies Européennes une faculté équivalente, celle des réquisitions d'hommes ; on ne peut contester une vérité que l'histoire du régime féodal démontre assez. Mais pourroit-on oublier que la destruction de ce malheureux gouvernement est due à la sagesse courageuse des rois; les peuples méconnoissent aujourd'hui, ou ignorent, ce qu'ils doivent à l'administration royale ; il faut donc leur rappeler que dans ces tems barbares chaque ville, chaque bourg étoit sous un joug tirannique, il faut leur apprendre que la vie, les travaux des hommes dépendoient d'une volonté impérieuse; la terre qui les nourrissoit les rendoit esclaves, & jusqu'aux sacrifices les plus chers à l'amour, les plus pénibles à la pudeur étoient un objet de redevances. Ce ne fût point l'énergie des peuples qui les fit s'af-

franchir de tant de vexations , de tant d'a-
baiffemens , ce fut l'efprit de juftice , la
bienfaifance des rois ; ils fondèrent l'humanité ; ils ont conftitué la liberte individuelle , fans eux l'Europe feroit encore le
pays de la terre le plus miférable ; ce font-
là leurs titres immortels ; & l'on voudrait
les faire méconnoître. Si leur deftinée étoit
de fuccomber , on pourroit prédire avec affurance que la condition des peuples de-
viendroit affreufe , parcequ'il fera toujours
dans le caractère de la multitude de fléchir
fous le régime de la terreur.

Les rois à une époque reculée avoient
le droit des réquifitions d'hommes , foit
pour défendre , foit pour envahir un pays ;
cet ufage , qui convenoit à des tems d'une
ignorance & d'une brutalité fingulière , à
ceffé à mefure que l'art de la guerre a de-
mandé plus d'expérience , plus de difcipline ; par un changement falutaire les facultés de l'homme armé ont été reftreintes , un
régime particulier l'a contraint à refpecter
les perfonnes & les propriétés.

De la permanence de la force militaire

a refulté une plus grande affurance de la garantie générale & de la fureté particulière ; par cet établiffement d'immenfes pays ont été mis à l'abri des ravages d'une invafion imprévue ; que l'on remarque que c'eft depuis cette époque que l'agriculture s'eft agrandie , que l'induftrie s'eft accrue , que le commerce a embraffé la furface du globe ; que l'on remarque que c'eft depuis que les mœurs fe font adoucies , que la vie des hommes a ceffé d'être un objet d'enchère , & leurs facultés une propriété , qu'enfin ils ont tous acquis le droit d'être refpectés.

Auparavant la guerre épuifoit l'Europe ; quelques milliers de brigands pouvoient impunément répandre la défolation ; les propriétaires vivoient dans la crainte , les cultivateurs dans une mifere affreufe , les cités étoient pillées , ravagées. La permanence des armées , leur difcipline , ont fait ceffer fes craintes & fes fléaux , ont fait de la paix l'état habituel des Nations , ont fait enfin que jufques dans la guerre les propriétés, les perfonnes ont été refpectées. Quatre mille ftipendiaires fe permettoient autrefois plus

de défordres , commettoient plus de meur-
tres-illégitimes , qu'une armée de 100 mille
hommes n'offre de ces exemples malheureux dans l'efpace d'une guerre.

C'eft aux monarques de l'Europe que
l'on doit cette heureufe inftitution dont ils
ont fait un ufage fi favorable au bonheur
des peuples , & l'on a l'impudeur de les
qualifier de defpotes ; une feule réflexion
démontrera l'impofture de cette odieufe qualification , c'eft que le defpotifme détruit,
qu'il n'améliore jamais ; c'eft que tout fe
fait pour lui , rien pour la profpérité publique (1). Mais eft-il une monarchie en
Europe où l'on ne trouve des fondations
fecourables , une induftrie encouragée , une
agriculture améliorée , un commerce protégé ; où l'on ne trouve le régime d'une
police bienfaifante. Si l'Europe n'eft plus

(1) Il a encore ce caractère particulier , d'agir
à volonté fur telle perfonne , fur telle propriété; il
dépouille de fes richeffes qui bon lui femble , il
difpofe arbitrairement de la vie des hommes ; il
marque la victime & on la facrifie.

barbare, fi elle n'eft plus un pays d'effroi & de calamités, fi au contraire elle offre l'afpect fatisfaifant d'une profpérité géné-rale, on le doit aux efforts fucceffifs des monarques qui n'ont gouverné que fous l'empire de la juftice. Cependant veut-on avoir une idée exacte du defpotifme, de fes procédés? Que l'on parcoure la France, que l'on aille à Paris; Conftantinople n'en donneroit pas une idée auffi conforme à la vérité.

De la permanence d'une armée dépend donc la tranquillité, la fureté d'un état, de la faculté de l'entretenir fon exiftence; & l'on voudroit féparer le pouvoir qui auroit droit de la faire agir de celui par lequel il feroit fourni à fon entretien; il en réfulteroit infailliblement une lutte funefte, dont les peuples feroient tôt ou tard la victime. En conftituant deux pouvoirs on conftitue deux ambitions rivales, dont il eft impoffible d'affurer l'équilibre, parce que les paffions, les foibleffes des hommes, font des caufes perpétuelles de révolutions, & qu'elles ne peuvent être furmontées que par une force principale , capable d'opérer dans toutes les circonftances avec une faculté convenable.

Cependant les impôts font-ils auffi pré-judiciables aux fortunes particulières , aux richeffes générales qu'on le dit (1) ? rendent-ils l'agriculture moins productive ? l'induf-trie moins laborieufe ? moins inventive ? font-ils que les mains ouvrières foient dé-laiffées ? moins falariées ? ces queftions peuvent paroître fingulières , mais qu'on ne fe preffe pas de les réfoudre , cette préci-pitation pourroit rendre injufte. Je traiterai dans un article à part de l'effet des impofi-tions , & l'on verra j'efpère que loin de dé-grader les fortunes particulières , loin d'al-térer la fortune publique ; avec une bonne

_____

(1) Ce n'eft pas fur la quantité des impofitions qu'il faut mefurer cette charge , mais fur le chemin qu'elles ont à faire pour retourner dans les mains dont elles font forties ; quand cette circulation eft prompte & bien établie qu'on paie peu ou beaucoup , il n'importe . le peuple eft toujours riche ; & les finances vont toujours bien.

Contrat focial.

adminiftration elles les améliorent. Je dirai
feulement ici , qu'en général , l'on trouve
la plus grande profpérité là où il y a le plus
d'impôts , & communément la plus déplo-
rable mifère là où il y en a le moins ; & pour
en donner un grand exemple je citerai celui
de l'Angleterre & de l'Efpagne. Dans l'un
de ces états le peuple à tout en abondance ,
dans l'autre la faim l'exténue , & des hail-
lons le couvrent ; l'un & l'autre compren-
nent un fol fertile , & le plus étendu en furface , comme le plus nombreux en population eft celui qui paie dans une proportion très - inférieure. Les contributions en
Angleterre produifent près de 400 millions ,
en Efpagne à peine 80 (1).

Mais la France , ce grand & floriffant
royaume , ce pays de toutes les induftries,
de toutes les productions effentielles , pré-
fentoit

_____

(1) La Suiffe , quelques parties de l'Allemagne
peuvent faire exception , mais l'état d'aifance de
ces pays tient aux richeffes , à l'induftrie des monarchies.

fentoit fous le régime des rois le magni-
fique enfemble d'une richeffe fingulière,
d'une abondance remarquable, d'une population nombreufe, à la même époque où
les charges publiques s'étoient accrues de
400 millions. C'eft alors cependant que l'on
a vu les fortunes particulières s'augmenter
& fe multiplier, c'eft alors que l'on a vu,
dans l'efpace d'un fiècle, le même fol produire un revenu quadruple. Des maifons
mieux bâties, des meubles plus commodes, des tables plus recherchées fe voyoient
dans toutes les claffes ; l'élégance des vête-
mens confondoit toutes les conditions ; toutes les aifances de la vie pénétroient infen-
fiblement les différens états. La condition
du peuple s'amélioroit, on le voyoit mieux
nourri, mieux vêtu, & jufqu'aux denrées
de luxe ne lui étoient plus étrangères (1).

_____

(1) Dans prefque toutes les villes il mangeoit du
pain blanc, & habituellement de la viande. L'augmentation fenfible des cabarets étoit un témoignage
d'accroiffement dans fes confommations. La feule
claffe malheureufe étoit celle des payfans journa-

E

L'injuftice a fait méconnoître ces témoignages remarquables d'une heureufe adminiftration. Je n'ai vu nulle part que l'on n'ait jamais préfenté à la nation françaife le tableau des riches compenfations de l'accroiffement des charges publiques : un commerce d'exportation & d'importation de plus de 500 millions, qui n'exiftoit d'aucune manière avant Louis XIV ; les plus riches colonies mifes en valeur fous fon règne, & produifant dans ces derniers temps pour 200 millions de valeurs ; les communications intérieures favorifant le tranfport des denrées & des marchandifes ; une induftrie nouvelle, créée par Colbert, dont les produits étoient incalculables ; le numéraire augmenté d'au moins un milliard : telles étoient les compenfations que le gouvernement avoit fu oppofer à l'augmentation des charges publiques. Et quelle étoit la ville où l'on ne trouvoit pas des témoignages de fa bienfaifance ? Quelle étoit la province

---

liers ; mais par-tout l'homme de la campagne qui n'a que fes bras eft dans un état de fouffrance.

où il n'avoit pas donné des preuves de ſes
ſoins paternels ? Quelle étoit celle dont il
ne cherchoit pas à améliorer l'exiſtence en
favoriſant l'induſtrie , en vivifiant le commerce qui ſait tout proſpérer ? Les rois de
France , & plus particulièrement les ancêtres de l'infortuné Louis XVI trouvèrent ce
royaume couvert de forêts ; quelques ha-
bitations , plutôt fortereſſes que châteaux ,
étoient l'azile terrible de quelques dominateurs impitoyables ; le reſte des humains
logeoit ſous de miſérables huttes , le gland
compoſoit une partie de leur nourriture , la
miſère , le malheur étoient extrêmes. Sous
le régime des rois tous les états , toutes
les conditions ſe font ſucceſſivement amé-
liorés ; & dans ce ſiécle mémorable de
Louis XIV on vit tous les génies enſemble ,
préſenter à la fois , & dans tous les genres ,
aux regards de l'Europe étonnée , des chef-
d'œuvres immortels ; tous les arts eurent
leurs grands hommes , tous furent honorés
& diſtingués par un prince qui , ne ſéparant
point ſes intérêts de ceux de ſon empire , ſut
les faire concourir à ſa gloire , à ſa proſpé-

rité ; il laiſſa par-tout d'illuſtres empreintes
de ſa grandeur , de ſa prévoyance. La
France depuis n'avoit ceſſé de proſpérer ,
tout s'amélioroit encore ; un prince , digne
à jamais des regrets de la poſtérité , alloit
donner au monde l'exemple d'un règne de
bienfaiſance , il en faiſoit ſon étude , c'étoit
ſon unique paſſion ; jaloux ſeulement d'a-
doucir l'infortune , un projet qui ſembloit
devoir améliorer la condition des hommes ,
le trouvoit heureux de pouvoir en déterminer l'exécution ; ſon autorité ne lui ſembloit
précieuſe que par cet avantage. Je ne retra-
cerai point ici ce qu'il fit , ni ce qu'il voulut
faire , ce ſujet intéreſſant appartient à l'hiſ-
toire , qui prouvera que les malheurs de la
France ont été en raiſon de l'affoibliſſement
graduel du pouvoir royal , & que l'époque
de ſon anéantiſſement abſolu a été , en
même-temps , celle de toutes les injuſtices ,
de tous les crimes , de toutes les tirannies.
Sur le même échafaud où l'on a immolé le
fils de tant de rois fut fondé le trône de la
terreur , fut conſtitué le gouvernement homicide des furies.

Je ne finirai point cet article fans parler d'un fentiment qui eft dans le cœur de tous les hommes, fentiment émané de l'Eternel, & qui prouve que le gouvernement royal eft dans fes deffeins, c'eft cet enthoufiafme, ce refpect religieux & profond qu'infpire la préfence d'un monarque ; l'expérience des fiècles ajoute à cet impofant caractère, prefque tous les peuples vivent & ont vécu fous l'empire de lois, dont la plus folemnelle défigne la tête dont le front doit être ceint du diadême ; par-tout on voit la religion garantir cette tête augufte & facrée. Mais fi par un facrilége régicide elle tombe fous le fer d'un affaffin, la réputation d'un peuple en eft entachée dans l'efprit des races préfentes & futures ; fentiment dont la fource ne peut-être méconnue, & qui fut placé dans le cœur des hommes par le maître de leurs deftinées.

De la liberté.

JE ne définirai point la liberté d'une manière générale , parce qu'il eſt difficile de la concevoir lorſqu'elle eſt en oppoſition avec la volonté particulière , parce qu'un peuple peut être très - libre quoique les individus ſoient très - contraints. Mais on diſtingue trois ſortes de libertés , la liberté politique, qui eſt celle du gouvernement , la liberté civile , qui eſt celle des ſujets & la liberté naturelle qui eſt celle des ſauvages. Enſemble de libertés qu'il eſt impoſſible de concilier dans un même gouvernement.

La première , dans une démocratie , eſt exercée par le corps des citoyens réunis dans une ſeule aſſemblée ; ce qui conſtitue eſſentiellement la liberté , parce que la volonté générale y détermine toutes les réſolutions importantes ; mais elle oblige à tant de ſacrifices , mais elle reſtreint ſi ſingulièrement la liberté individuelle , que ce gouvernement eft prefque toujours agité par l'effet des paffions qu'il provoque, & des fenti-mens qu'il contrarie. Un citoyen eft forcé-ment, & de préférence à tout, légiflateur, foldat, magiftrat, miniftre; fon devoir lui prefcrit de tout quitter quand il s'agit d'exer-cer ces fonctions; il ne doit jamais fe con-fidérer que comme une fraction du corps focial, qui feul compofe l'unité; auffi il eft dans l'efprit de ce gouvernement de contra-rier fes penchans qui portent l'homme à pré-férer le repos aux fatigues, la fécurité aux dangers, les avantages particuliers à la prof-périté publique; ce qui fait qu'il fe corrompt facilement.

Le régime de la liberté politique, dans une démocratie, exige des conditions par-ticulières qui font indépendantes des hom-mes, telles qu'un climat qui permette dans toutes les faifons la fréquentation journa-lière d'une place publique, & d'une langue affez fonore pour qu'un orateur puiffe être entendu par l'enfemble des citoyens. Mais la févérité des conditions principales que ce gouvernement prefcrit indique affez que la

liberté eft un fardeau qui ne peut être fup-
porté que par des hommes d'un grand courage , d'une haute vertu.

Il n'en eft pas de même dans une monarchie , tout y eft moins févère , plus
ftable , plus conforme au gré des fentimens
particuliers. Le monarque y eft chargé du
dépôt de la liberté politique , il en eft le
propriétaire ; mais à l'aide des lois d'une
juftice uniforme il en affure d'autant mieux
à tous la liberté civile , liberté plus grande ,
toujours plus affurée , plus durable , dans
ce gouvernement que dans tout autre. Elle
confifte à laiffer à chacun la difpofition de
ce qui lui eft perfonnel , on y embraffe vo-
lontairement telle ou telle profeffion , on
y exerce librement tel ou tel métier ; (1)
les emplois de la vie n'y font point contraints , (2) on y vit au gré de fes inclinations.

(1) Quand je dis librement , c'eft-à-dire qu'on ne
peut pas y être contraint , car les réglemens concernant les maîtrifes font certainement avantageux.

(2) Si la guerre oblige à des levées forcées elles
y font modérées.

Dans le gouvernement aristocratique la liberté politique y est la propriété de quelques familles, elle y est exercée par un sénat ou par un conseil. La liberté individuelle y est plus grande que dans une démocratie, mais plus restreinte que dans une monarchie ; elle y éprouve toujours quelque gêne remarquable.

Il me reste à parler de la liberté des opinions, de cette liberté que l'on fait consister à pouvoir sans frein attaquer la religion, les lois antiques d'un pays, à pouvoir dégrader ce que les hommes vénèrent davantage. Je pense que, pour le bonheur d'un peuple, cette liberté doit être soumise à des restrictions, nécessaires au maintien d'une croyance respectable, nécessaires à ce qui sert à donner un contrepoids aux passions. C'est un organe si fragile que l'esprit humain qu'on ne sauroit assez le défendre contre les insinuations d'une logique dangereuse, qu'on ne sauroit assez protéger la source de cette vertueuse morale qui gouverne d'autant mieux les hommes qu'ils sont plus pénétrés de leur religion. Est-il en effet rien de

...s effentiel à maintenir que ces grandes &
immortelles vérités qui furent dictées par
l'Eternel ? Et pourroit-on oublier ce modèle
célefte de toutes les réfignations au milieu
de toutes les fouffrances, qui ne demande
aux mortels rien de plus difficile que de
n'être pas cruels, de n'être pas injuftes les
uns envers les autres, qui ne leur impofa
que des lois d'amour, & qui attacha les
plus ineffables récompenfes à la pratique,
des plus touchantes vertus, qui y mit pour
prix la maifon de fon père.

Des écrivains d'un grand talent fe font
plu à attaquer cette religion paternelle, la
publicité de leurs écrits a fait méconnoître
ce que les hommes doivent le plus refpecter. D'après ces raifons je penfe qu'il doit
en être de la liberté des opinions comme
de la liberté civile, qui ne permet que les
actions légitimes.

L'on doit à la licence de quelques-uns
de ces modernes écrits les égaremens qui
ont fait du temps préfent l'époque la plus
défaftreufe de l'exiftence fociale ; mais une
de fes plus funeftes conféquences a été

d'infpirer une ardeur infenfée de liberté in-
définie , fentiment qui n'a produit que d'affreufes calamités , & un efclavage au-deffus
de toutes les expériences. Ce qu'il y a de
bien remarquable eft que toutes ces hor-
reurs ont été opérées par un pouvoir in-
connu jufqu'à nos jours, par celui des repréfentans d'un peuple (1) ; c'eft par eux que
l'on a vu une nation de 24 millions d'ames ,
enivrée d'une brutale licence , ne trouver,
en cherchant la liberté , que des chaînes affreufes ; c'eft par eux que les biens , les
travaux , la vie des hommes ont été mis
dans une dépendance inconnue ailleurs au
refte des mortels. On avoit vu des tirans ,
on connoiffoit des ames cruelles ; mais rien
ne peut être comparable aux atrocités que
ce peuple a endurées , il a fouffert toutes les
dégradations , tous les outrages , & l'on
ne fait ce qui doit le plus étonner ou de fa

_____

(1) La chambre des communes ne repréfente
d'aucune manière le peuple anglais , elle n'en eft
point l'organe , fon pouvoir en eft indépendant ,
& n'eft limité que par des lois qui en réglent l'ufage.

patience à tout fupporter , ou de l'infolence
de fes maitres à lui tout impofer. En préfence de tous les hochets de la liberté , il a
été cent fois plus affervi que ne le furent jamais les habitans de l'Afie ; fes dominateurs
ne lui ont pas laiffé la propriété d'un fentiment ; il lui a été défendu d'être religieux
envers le créateur , humain envers les hommes ; on lui a interdit la fenfibilité paternelle,
la reconnoiffance filiale , tous les penchans ,
toutes les actions furent entravées par la
terreur, & ce qui eut révolté des efclaves ,
il l'a fouffert.

De l'opinion publique.

Un étranger que la foif des richeffes attira
en france , qui prétendit à tout auffi-tôt qu'il
fut millionnaire, M. Necker , a cherché à
donner une grande prépondérance à l'opinion publique , il en a prôné l'influence
avec une affectation qui ne permet guères

de douter qu'il en attendoit un effet favorable à fes projets ambitieux ; ce fut par
cette voie qu'il fut avec une apparente fin-
cérité perfuader de fon zèle pour le bonheur public ; ce fut pour lui complaire qu'il
parla tant de réformes falutaires , d'heureufes améliorations , de fidélité aux engage-
mens ; ce fut pour cet effet encore qu'il in-
finua qu'il étoit au-deffus des atteintes de la
féduction des cours.

Il avoit fu en impofer par différentes innovations qui parurent autant d'actes d'une
bienfaifance publique; fon compte rendu ,
fon défintéreffement pour les émolumens
d'une place lucrative (1) achevèrent d'établir le charme. Tout ce que l'on put dire
enfuite fur la cherté & l'immoralité de fes
emprunts , fur le charlatanifme de fes opé-
rations , ne fut point écouté.

Des circonftances , dont les caufes ap-
partiennent principalement à cette époque ,

_____

(1) Sacrifice que 400 mille livres de rentes acquifes
par l'agiotage & par la banque adouciffoient fingulie-
rement.

avoient rendu la marche du gouvernemènt embarraffée, fa timidité ou fes incertitudes donnèrent de l'afcendant à un efprit de révolution que protégeoit l'opinion publique; on vit les parlemens cenfurer avec éclat les procédés d'une autorité dont ils n'étoient que l'organe fubalterne, ils en attaquèrent indifcrétement les facultés légitimes & ordinaires; les états d'une province principale, l'affemblée du clergé, témoignèrent les mêmes opinions, & en général la nobleffe françaife paroiffoit animée d'un défir de réformes capitales.

Cependant le peuple à cette époque n'offroit encore que des fujets refpectueux & fidèles, étranger aux prétentions des premières claffes il travailloit fans murmurer; il penfoit alors que l'obéiffance envers fon roi étoit inféparable de la foumiffion qu'il devoit à Dieu. Difpofition fi différente de ce qu'on appelle opinion publique, laquelle n'eft prefque jamais que le témoignage d'une cenfure téméraire, ou l'expreffion d'un fuffrage que les paffions ont déterminé.

C'eft dans des circonftances où il falloit

tant d'art pour furmonter tant de difficultés, qu'un prince, trop équitable pour des
temps fi difficiles, céda à la voix trompeufe
de cette opinion, en rappelant auprès de
lui un homme à qui l'on connoiffoit une
ambition fans mefure, que l'on favoit être
fyftématique avec toute l'arrogance d'une
vanité intraitable ; doué d'une logique
attrayante, d'une éloquence perfuafive,
M. Necker étoit républicain par oftenta-
tion ; mais defpote par caractère, fachant
fe fervir avec art de l'expreffion de tous les
fentimens pour dominer & être fans rival ;
appelé par l'opinion publique il fut par
cette raifon celui que Louis XVI. crut le
plus digne de fa confiance. C'eft dès-lors
qu'il affecta de méprifer les anciennes routes, & qu'il prétendit à en frayer de nouvelles, fans en confidérer les dangers ; dans
cette tentative périlleufe il n'écouta que fon
orgueil ; attentif feulement à ménager la
puiffance qui avoit déterminé fon élévation
il y facrifia tout ce qui pouvoit en favorifer
l'influence, le peuple devint fon idole, &
il réfolut de lui immoler tout ce qui pour-

roit être l'objet de fes prétentions féditieu-
fes ; c'eft-ce qui l'engagea , fans doute ,
à propofer ces calamiteufes innovations qui
ont ouvert l'abyme. Cependant à peine eut-
il donné l'exiftence à cette force d'une multitude inconfidérée qu'il devint le jouet de
cette opinion qu'il avoit tant flattée. Bientôt
on le vit , vil courtifan d'un pouvoir ufur-
pateur , trahir , facrifier les intérêts de fon
maître , & ne favoir que ramper quand le
courage pouvoit le foutenir. Tant de fauf-
fetés , tant de lâchetés finirent par lui faire
éprouver une décadence que fa traîtreufe
adreffe ne put ralentir ; il fut forcé de fuir
accablé de toutes les haines , couvert de
tous les mépris. J'ignore fi M. Necker penfoit alors de l'opinion publique comme il
en parloit à l'époque de fa gloire ; mais j'ai
voulu citer ce grand exemple pour prouver
combien il eft dangereux d'en fuivre incon-
fidérément les inclinations.

Cependant il eft à propos d'examiner
comment cette opinion fe forme , afin de
pouvoir en apprécier la valeur La claffe laborieufe n'y prend ordinairement aucune
part,

part; le travail abforbe tous fes momens;
elle n'eft donc en réalité que l'expreffion du
très - petit nombre : elle fe compofe de quelques intérêts particuliers; l'amour - propre
en eft le créateur; les difpofitions favorables ou contraires qu'elle fignale, s'éta-
bliffent par des affections, & plus fouvent
par des préventions; mais en général l'efprit de corps ou l'égoïfme jouent le premier rôle dans cette difpofition qui an-
nonce des préférences ou de la défaveur.
Les Caffés, les Clubs, tous les lieux où
l'oifiveté occafionne des raffemblemens,
font les théâtres où elle exerce principalement fon empire; elle eft le réfultat des
manœuvres de quelques perfonnes intéref-
fées, ou en pofition de faire prendre telle
ou telle prévention (1). C'eft pourquoi les

---

(1) Je diftingue ce qu'on entend par réputation de ce qu'on appelle opinion publique;
la première eft la conféquence d'une conduite
évidente, l'autre n'a ordinairement pour ga-
rant qu'une prévention inconftante; l'une exige
des preuves, l'autre fe contente des apparences.

F

journaliftes font très-bien placés pour opérer ces miracles qui font que tout-à-coup
un homme ignoré devient le fujet de toutes
les converfations, un homme que tout le
monde veut voir, que tout le monde veut
connoître, un homme que l'on déchire ou
que l'on admire felon le mouvement donné;
mais, femblable à l'inconftante fortune,
l'opinion publique précipite le plus fouvent
dans l'abaiffement celui qu'elle a le plus
élevé. Elle a ce càractère particulier de ne
connoître que les extrêmes; aujourd'hui
elle dreffera des autels, demain elle traî-
nera dans la boue : par cette raifon il
eft du caractère d'un grand homme d'en
dédaigner les caprices, & de mettre un
prix plus digne à fa gloire. Modefte
dans fa conduite, comme fincère dans
fes intentions, s'il entre dans l'arêne, c'eft
avec une noble fimplicité; fa démarche
n'eft point celle de l'orgueilleux; il fe dé-
tourne de la foule, il n'en provoque point
les clameurs; & fi fon mérite fe fait jour,
c'eft par des moyens qui fe concilient avec
fes vertus; il ne prend confeil que d'un
cœur franc & généreux.

Les changemens qui se firent dans les
mœurs des hommes que l'on distingue,
contribuèrent singulièrement à donner de
la consistance à ce phantôme si opposé à
ces opinions que la religion & les préjugés
fondent. Les avantages de l'esprit prirent
la place des vertus; de mauvais livres cor-
rompirent les cœurs, pervertirent les inclinations ; & toutes les préférences furent
pour l'homme qui sut le mieux parler: il
ne fut plus possible d'intéresser par le seul
mérite d'un caractère estimable; les dispositions firent prendre une grande prépondérance aux gens de lettres ; la folie du
temps leur donna la législation de la pen-
sée. Mais moins jaloux de mériter une
célébrité honorable, que d'exercer une domination sans partage, ils attaquèrent avec
une ardeur sacrilège l'ouvrage de l'Eternel. Ce qui étoit vérité devint absurdité;
ce que l'on vénéroit fut méprisé : & dans
ce bouleversement de toutes les pensées,
les anciennes & salutaires maximes dispa-
rurent.

Les femmes, dont la vie morale a tant

F 2

d'influence fur le cœur des hommes, fe laifsèrent féduire par les maximes d'une phi-lofophie licentieufe : elles y perdirent ces grâces de la pudeur, ces attraits de la mo-deftie ; elles ne furent plus donner de va-leur à tant d'agrémens dont le naturel fait le charme (1).

Par ces changemens leur empire s'affoi-blit ; elles cefsèrent d'être un befoin de l'ef-prit & du cœur. Bientôt on s'indifpofa con-tre la gêne des égards que leur fociété exige ; on chercha ailleurs des plaifirs plus commodes. De là les fpectacles furent plus fréquentés ; les caffés fe multiplièrent ; les clubs s'établirent : on vit par-tout des fociétés d'hommes. Le jeu, les objets d'ad-miniftration furent l'occupation ordinaire de ces fociétés ; l'on fe ruinoit, ou l'on criti-

---

(1) Ce n'eft jamais par elles que les mœurs commencent à changer, elles en fuivent natu-rellement les diverfes impulfions ; le fentiment les guide, le goût d'un certain empire les do-mine ; mais on ne les voit point égoïftes con-centrer en elles une aride affection, plus elles fe facrifient, d'autant plus elles s'attachent.

quoit le gouvernement. Une certaine vie licencieuse fit défirer toutes les libertés; on méprifa le frein falutaire de la religion; on s'indifpofa contre l'autorité légitime du prince.

Un roi trop étranger aux paffions ordinaires des hommes, ne fit point affez d'efforts pour vaincre fon goût pour la retraite; il négligea de fe montrer à fon peuple; il délaiffa fon armée: infenfible aux plaifirs de la fociété, il ne put y prendre ces formes aimables, toujours néceffaires dans tel rang que l'on occupe.

L'opinion publique fe compofa de toutes ces chofes, mais n'acquit de l'afcendant que parce que le gouvernement ne fut point affez réfifter à fes inclinations. De là tant d'innovations imprudentes ou indifcrètes; de là auffi ces mutations continuelles dans le miniftère : la prétention de créer, de réédifier, fut celle de tous les hommes en place; chacun arriva avec fon chapitre du mieux : l'armée ne ceffa d'être tourmentée par l'afcendant des innovateurs & par la perfécution des faifeurs.

L'inconſtance dans un gouvernement produit toujours une certaine agitation dans les eſprits, qui lui eſt contraire: il doit reſpecter les habitudes générales; il faut qu'il évite les à - coup, les ſurpriſes: s'il améliore, cela doit être inſenſiblement, de manière à ne pas occaſionner des diffé-rences ſubites. En général une marche uniforme eſt ce qu'il y a de plus conve-nable. On peut dire à cet égard qu'il en eſt des gouvernemens comme des anciens édifices; il faut y toucher le moins poſſi-ble; la main des hommes leur eſt funeſte; ſi les fondations ſont profondes, ils réſiſ-tent naturellement aux efforts du temps. Mais tel eſt l'empire de l'habitude, qu'elle fait que chacun ſe trouve bien où il eſt accoutumé d'être; par-tout elle gouverne par la plus douce influence, par celle du ſentiment : c'eſt elle qui enracine ces affections auxquelles l'homme doit ſes plus chers plaiſirs, ſes plus grandes vertus. Nos impreſſions ſont d'autant plus durables, que les uſages ſont moins altérés : c'eſt par eux que ſont établies & maintenues ces opinions si essentielles, si conformes à la nature humaine, par lesquelles on est attaché à ses devoirs, à sa religion, à son pays : résultats biens différens de cette opinion vagabonde, qui se nourrit de rêves, de préventions, de chimères, & souvent d'impostures.

Pour se convaincre de son instabilité, & pour s'assurer combien elle est naturellement craintive, il ne faudra que donner un peu d'attention à ses procédés pendant le cours de la révolution françoise; on la verra foible, inconstante, semblable à l'aveugle folie, ou à la timide enfance, céder inconsidérément à toutes sortes d'impulsions, ne gouvernant jamais; mais au contraire constamment gouvernée par l'adresse de quelques hommes perfides. On l'a vue exprimer son vœu, en constater le témoignage dans des cayers qu'elle méprisa bientôt ; on l'a vue enthousiasmée d'une constitution, & applaudir presque en même temps à son renversement; on l'a vue enivrée de licence, & fléchir subitement sous l'empire du despotisme : aujourd'hui

F 4

on la verroit fanctionner les loix de Ma-
homet, fi tel étoit le caprice de ceux qui
la gouvernent: tremblante, elle n'ofe rien,
quand on lui en impofe: libre, elle ne
fait ce qu'elle veut.

Des Repréfentans d'un peuple.

L'IDÉE de faire répréfenter un peuple
de vingt-quatre millions d'ames par une
affemblée, compofée de quelques centaines d'individus, eft une de ces abfur-
dités qui prouve combien l'efprit eft fufceptible d'erreur, quand il agit par paffion.
Les Etats généraux en France étoient
compofés des députés des différens ordres,
mis en préfence du roi, chargés d'énon-
cer tels vœux, d'exprimer telles doléances,
d'accorder ou de refufer telle demande.
On ne confidéroit ces délégués que com-

me les envoyés des trois ordres, porteurs de pouvoirs circonfcrits par les loix du royaume, & limités par l'intention maté- riellement exprimée des électeurs ; en ou- trepaffant ces limites, ils euffent été des ufurpateurs, traîtres envers le Roi, par- jures à leur ferment. Cependant c'eft fous ces deux afpects de félonie, que l'on a vu dans ces derniers temps de criminels mandataires abufer de leurs titres légitimes, & s'en faire au gré de leurs projets def- tructeurs ; c'eft en même temps que l'on vit un grand peuple, fanatifé par la cupi- dité, courber la tête lorfque l'expreffion de fa volonté fut méconnue ; elle devint nulle au moment où fes envoyés prirent la qualité de repréfentans de la nation, parce que, à la faveur de cette factieufe qualification, ils purent brifer les liens qui entravoient leurs facultés ; & ils le firent avec le plus fcandaleux fuccès. Dès- lors le peuple françois fut condamné à fupporter tous les excès de quelques vo- lontés ambitieufes.

S'il y a une chofe qui ne puiffe être

aliénée, c'eft la volonté, parce que fon confentement ou fes refus dépendent d'impreffions analogues ou contraires à nos défirs. Un homme peut céder à un autre le droit de difpofer de fon travail, de fon temps ; mais il ne pourra jamais fans folie déclarer que, tels que foient les procédés d'une volonté étrangère, ils fe trouveront conformes avec fa volonté particulière : une telle difpofition ne feroit praticable que dans le cas d'une préfcience qui n'eft pas de la compétence humaine. Cependant ce qui ne pouvoit être la convention d'un particulier, a été celle d'une grande nation envers des hommes entachés de crimes, & fignalés par un efprit de faction. C'eft à ces hommes à qui des millions de pères de famille ont dit: *allez; ce que vous lierez fera lié, ce que vous délierez fera délié:* difpofez de nos biens, de nos perfonnes, de nos vies; vous êtes notre volonté. Tel eft le contrat que, dans un prétendu fiècle de lumières, un peuple de vingt-quatre millions d'ames a fait avec quelques centaines d'individus. L'hiftoire de l'efprit humain n'offre aucun exemple d'un pareil égarement.

Ce singulier sénat que l'on a appelé une Convention, s'est trouvé, non d'une manière fictive, mais réellement, propriétaire des forces, des biens, de tout ce qui existe dans un pays remarquable par son extrême population, ainsi que par ses richesses; & il a agi conséquemment lorsqu'il en a disposé selon la convenance de ses intérêts. En lui résidoit la seule volonté qui eût droit de se faire entendre; aussi il étoit dans la nature de cette étrange disposition que ce sénat se considérât comme une véritable démocratie; en lui seul existoit la république, hors de son sein il n'y avoit que des instrumens de de son pouvoir, des ilotes, des esclaves. Il a donc toujours été absurde d'envisager cette assemblée comme le corps représentatif d'une multitude asservie, une telle fiction est inadmissible.

Il peut bien y avoir une représentation physique; mais il ne peut y en avoir de morale; parce qu'une volonté ne peut en repréfenter une autre ; ainfi tout ce qu'on a pu dire fur la poffibilité d'un gouvernement adminiftré par des repréfentans eft fondé fur une impoffibilité. Ou ces hommes feront les organes d'une volonté exprimée, ou ils ne le feront pas : dans le premier cas ils ne pourront être confidérés que comme les agens matériels d'une miffion donnée, chargés d'opérer d'une manière prefcrite ; de forte que telle que foit leur opinion ils ne doivent agir que conformément à une intention manifeftée ; dans l'autre cas au contraire, ne prenant confeil que de leur fentiment, les déterminations qui en feroient la conféquence ne repréfenteroient d'aucune manière des volontés qui ne feroient pas expliquées.

Ce qui a le plus contribué à établir cette erreur, eft l'exiftence de la chambre des communes en Angleterre ; on l'a vue compofée de membres nommés par le peuple, & on en a conclu qu'ils en étoient les repréfentans ; mais cette interprétation eft fauffe. La nation a un droit, celui de

faire des élections dans des momens dé-
terminés ; ce droit eft accompli auffitôt
qu'il a été exercé ; il ne peut s'étendre à
impofer des loix particulières : fi cela arri-
voit, ce feroit une révolution commencée ;
& dès-lors il n'y auroit plus de conftitution, tout ce qu'elle garantit cefferoit
d'avoir une fureté.

Ce qui eft à confidérer, font les conditions préfcrites pour être éligible ; il faut
être anglois, & profeffer la religion angli-
cane ; il faut avoir une propriéte en terre
au moins de 500 livres fterlings de revenus ; par ces conditions tous les intérêts
du peuple fe trouvent repréfentés par
ceux des membres qui font élus, de manière que la religion, la liberté, les propriétés, l'intérêt national, affectent les individus de la chambre des communes, autant & plus que tels individus de cette
nation. Quant aux qualités perfonnelles, le
peuple décide par fon droit d'élection de
celles qui méritent la préférence.

Je ne ferai plus qu'une remarque, c'eft
que la chambre baffe ne peut rien opérer

fans le concours de deux autres pouvoirs dont les intérêts font analogues à ceux du tout. Un membre de la chambre haute a, comme anglois, fa liberté individuelle, fa propriété à défendre; comme pair, il a le plus grand intérêt au maintien de la conftitution. Le Roi a de même fes priviléges qui ont des rappports immédiats avec la fureté particulière de chacun, & la fureté générale du tout. Dans cet enfemble on voit des intérêts communs; mais aucune repréfentation qui puiffe être confidérée comme un fimulacre de nation; c'eft proprement le foutien de l'édifice des loix, qui doit être refpecté par tous, qui pourroit être renverfé par la force; mais qui ne le feroit jamais fans crime. En général il n'appartient légitimement à aucune portion du peuple, telle grande qu'elle puiffe être, de détruire une conftitution habituée; les hommes ne doivent fe confidérer, dans le rapport qu'ils ont avec un gouvernement, que comme des ufufruitiers qui n'ont pas le droit de difpofer de la propriété des races futures, autrement les' loix pafferoient comme les générations.

N'eft-il pas remarquable que les peuples foumis au defpotifme, tels que les habitans de l'Afie, foient en même temps ceux qui font les plus attachés à leurs mœurs, à leurs coutumes, à leurs pays ? preuve que dans tous les gouvernemens il y a des compenfations effentielles.

Le bonheur des hommes fe compofe moins de richeffes, de liberté, que d'affections & d'habitudes. Par cette raifon il fera toujours criminel de renverfer la conftitution d'un état, parce qu'alors on détruit ce qu'il y a de plus effentiel à conferver, les relations morales. Il fera auffi toujours téméraire d'y donner atteinte, parce que tel changement peut opérer un ébranlement dont les effets feront incalculables pour les générations préfentes & à venir.

On pourra juger des conféquences qu'une innovation inconfidérée peut produire, par ce qui eft arrivé en France de l'augmentation du nombre de quelques individus ajoutés à la chambre du tiers-état, cette feule différence apportée aux anciens ufages a fait que le gouvernement, les loix, les mœurs, la religion de cet empire ont été anéantis ; a fait que toutes les claffes ont été confondues, que la tranquillité, la fureté des nations de l'Europe ont été altérées, de manière qu'il eft difficile de prévoir aujourd'hui quel fera le terme de cette confufion.

Où régnoit la fécurité, la juftice ; où étoit l'abondance ; où l'on voyoit une induftrie fingulière ; où l'on jouiffoit de la liberté la plus défirable : là eft un peuple enchaîné par le plus barbare fénat, exténué de befoins, appauvri de misères, périffant par le glaive des bourreaux, ou par le fer de l'ennemi : & ce fénat eft ce qu'on appelle les repréfentans d'un peuple.

Je me réfume : une volonté ne peut pas être repréfentée, lorfqu'elle eft inconnue ; lorfqu'elle eft exprimée, elle ne l'eft point encore, puifqu'elle agit par elle-même.

De la

De la Conſtitution de 1791 & de ſes Conſéquences.

Là conſtitution françoiſe a été l'ouvrage de pluſieurs factions qui, ſans être réunies d'intention, concoururent à former ce fragile & périlleux édifice : elle fut la conſéquence de l'eſprit donné par un miniſtre qui ſe plut à agiter la multitude de prétentions perturbatrices. Ce fut l'homme principal du conſeil de Louis XVI, ce fut celui de ſa confiance qui ſe fit l'ouvrier de ſa ruine. Ses premières méditations eurent pour objet de faire aſſaillir ſon trône par une maſſe d'hommes inſenſés ; tout étoit préparé pour cette affreuſe cataſtrophe, avant le jour où ce prince, en préſence des députés de ſon peuple, prononça ces paroles mémorables : *qu'il n'étoit, qu'il ne vouloit être que le premier ami de ſes ſujets :*

G

alors il étoit livré aux traitres par celui-là même qu'il avoit choisi pour être le guide de sa bienfaisante ambition.

Dès l'origine de cette assemblée, différens partis se disputèrent la prépondérance: elle appartint au plus criminel. L'art des factieux consista à accaparer dans cet ensemble les passions du plus grand nombre: & que n'opère-t-on pas avec de l'argent & des promesses sur des hommes sans foi & sans pudeur! La fortune d'un prince avare par caractère, mais ambitieux & vindicatif par circonstance, fut prodiguée aux mains qui voulurent seconder ses entreprises : des gentilshommes d'une naissance illustre s'associèrent à ses projets : ce qu'ils devoient au monarque, ce qu'ils devoient à la noblesse françoise, ne put les détourner d'une route de désastre & d'ingratitude. Il étoit impossible que rien de salutaire résultât d'un pareil ensemble.

Les loix fallacieuses de la souveraineté du peuple & des droits de l'homme créèrent cette milice innombrable, qui se crut armée pour la cause de la liberté, mais qui ne fut jamais que l'aveugle instrument des fourbes qui l'ameutèrent. Ces imposteurs ne se crurent cependant pas assez forts de cette disposition générale ; & s'attribuant un pouvoir qui n'avoit jamais existé, ils dépouillèrent les propriétaires légitimes, & disposèrent de leurs biens en faveur d'une multitude assez immorale pour s'associer au crime de ce vol manifeste.

Il sembloit que ces émissaires n'eussent été envoyés que pour être des conjurés & exercer tous les brigandages ; le gouvernement étoit bouleversé, la noblesse ruinée, la justice détruite, lorsqu'ils commencèrent cette constitution, où ils prétendoient tracer en caractères ineffaçables les droits imprescriptibles des peuples ; où la liberté, l'humanité, devoient retrouver leurs titres méconnus. Mais quel affligeant contraste offrira l'histoire lorsqu'elle racontera les événemens qui en furent la conséquence, on aura de la peine à croire que tant de cruautés, de perfidies, aient pu être pratiquées par des hommes qui parloient sans cesse de vertus & de bienfai fance; on aura de la peine à concevoir que les ordonnateurs de ces fcènes affreufes aient pu furvivre à leurs férocités, aient pu triompher & être refpectés plus que les Dieux, lorfqu'ils parurent fatigués de leurs fureurs homicides.

La théorie de ces loix, mifes en rapprochement avec cette expérience, fera le morceau de l'hiftoire le plus remarquable.

Mais il étoit naturel que des légiflateurs, qui s'étoient mis au deffus de toutes les loix, en créaffent au gré de leur ambition; auffi s'appliquèrent-ils à donner au corps légiflatif une prépondérance abfolue; c'eft là qu'ils placèrent l'exercice de la fouveraineté du peuple; c'eft là où les paffions trouvèrent toutes les forces pour furmonter tous les obftacles. La liberté ne fut conftituée, que pour les membres qui le compofoient; & leur inviolabilité la rendoit illimitée: il réuniffoit en lui feul les moyens d'actions & les moyens de contrainte; il déterminoit les impofitions; il prefcrivoit les dépenfes; il décidoit de la guerre, de la paix, du commerce; il ju-

geoit arbitrairement de ce qui étoit crime
de lèze-nation; il pouvoit agir comme tribunal qui accuse, & comme tribunal qui
juge; &, dans ses relations avec le pouvoir exécutif, ses expressions étoient celles
d'un maître qui ordonne à un esclave; le
Roi n'étoit que l'écho de sa volonté, ses
ministres sembloient être sur l'échafaud.

Ce qui doit cependant paroître le plus extraordinaire est que toute cette puissance
fut confiée à des hommes à qui la loi ne
demandoit aucunes conditions comme propriétaires, comme regnicoles, ni comme
attachés à un culte; toutes sortes de citoyens actifs, nationaux ou étrangers,
pouvoient être les représentans du peuple
françois : il ne falloit, pour en être suscep-
tible, qu'exprimer la vaine formule d'un
serment inutile, & afficher un patriotisme,
toujours d'autant plus hypocrite, qu'il pa-
roissoit plus ardent.

Que dirai-je du *Veto suspensif*, de cette
misérable faculté dont le pouvoir royal ne
put jamais faire usage, sans être assailli par
les hurlemens de la phalange crapuleuse

G 3

payée ou abufée par les fcélérats qui l'employoient? je dirai qu'il n'avoit été con-
fenti que pour entretenir une irritation
favorable à des deffeins diffimulés. La
moindre réfiftance étoit un occafion d'é-
meute ; on en profita pour achever de détruire matériellement le malheureux refte
d'une apparence royale : ce qui fut exé-
cuté le 10 Août 1792.

Le corps législatif put alors agir à volonté
fur toutes les parties d'un empire dont les
individus & la fortune ne furent plus
confidérés que comme des effets nationaux. Auffi ce fénat fe partagea fous le
nom de comités tous les pouvoirs qui met-
toient dans fa dépendance quelques millions
d'efclaves, & quelques milliards de richeffes.

Le comité de falut public fut chargé de
piller & de faire égorger, au profit de la
fociété, les particuliers dont la fortune offroit quelque appas à la cupidité; il fut
chargé de faire périr ceux qui, par la plus
frivole expreffion, auroient témoigné quelques regrets d'un gouvernement protecteur

& paternel. Il eut le droit de requérir, fous la protection de la *guillotine*, & fans diftinction, les individus néceffaires aux armées; mais il fe borna à adreffer aux boucheries de la guerre la jeuneffe du plus floriffant empire : il eut le droit encore de faifir partout les objets néceffaires à la durée de cette affreufe calamité.

Le comité des finances eut la miffion lucrative de convertir le papier en numéraire; il put, de ce qui ne valoit rien, faire des milliards : & de ces milliards il fit ce qu'il voulut.

Le comité d'inftruction publique eut à fa difpofition toutes les richeffes, ornemens fplendides du trône, & magnificence de quelques particuliers, compofées des matières les plus précieufes, & des chefs-d'œuvres des beaux arts.

Le comité d'agriculture fut obligé de fouffrir qu'on épuisât les cultivateurs & les campagnes.

Tel eft le réfumé exact de la conftitution françoife & de fes conféquences. Je vais y ajouter un examen particulier de quelques.

G 4

uns des principaux articles de cette moderne légiflation.

Droits de l'homme.

*LES hommes naiffent & demeurent libres &
égaux en droits.*

Non, l'homme au contraire naît dans
la dépendance de l'autorité paternelle,
dans la dépendance d'une religion, dans
celle des loix du pays qu'il habite ; la
foibleffe de fon enfance, les foins que néceffite fon éducation, l'infuffifance de fes
moyens , la nature de fes befoins, fes
mœurs, fes habitudes, fes paffions le conftituent dépendant; il naît, vit & meurt
ainfi.

Mais les hommes continueront de naître en
fociété dans des pofitions relatives tellement
différençiées, que les chances de fortunes
& d'honneurs feront entre eux très-inéga-

lement réparties : ces chances feront toujours que l'un fera deftiné à être un fimple
artifan, un autre à occuper des places de
dignités. Le méprifable abbé Syeyes peut
fur cet objet tourmenter fon génie mal-fai-
fant, il ne démontrera rien auffi bien que
fa lâcheté, fon ingratitude & fon impiété.

(Art. II.) *Le but de toute affociation politique eft la confervation des droits naturels &
imprefcriptibles de l'homme ; ces droits font
la liberté, la propriété, la fureté, & la réfiftance à l'oppreffion.*

Toute affociation eft déterminée par les
penchans naturels à l'homme ; elle eft une
conféquence de fes befoins, de fa foibleffe
& de fes inclinations ; une exiftence plus
commode, une vie plus tranquille en font
l'objet. La liberté n'en eft pas le but, parce qu'elle eft la plus grande poffible dans
l'état primitif. Mais faire un droit de la
réfiftance à l'oppreffion, c'eft établir la révolte en permanence : par quel caractère
pourroit-on diftinguer une contrainte injufte d'une contrainte légitime ? Des législateurs fe font eftimer, lorfqu'ils conftituent

un gouvernement qui met obſtacle à l'arbitraire : mais lorſqu'ils ouvrent toutes les portes à la tyrannie, on ne peut les conſidérer que comme des ſcélérats ou des inſenſés.

(Art. III.) *Le principe de toute ſouveraineté réſide eſſentiellement dans la nation.*

Qu'entend-on par un principe de ſouveraineté? que veut dire la réſidence eſſentielle d'un principe dans une nation? Et c'eſt cependant à l'aide de cet inintelligible langage que l'on miſtifie depuis cinq ans un peuple de 24 millions d'ames. Il n'y a point de principe de ſouveraineté, elle réſide là où elle eſt exercée, elle eſt la conſéquence des loix; mais ceux qui les enfreignent juſqu'à les détruire ne ſont que des brigands qui veulent tout uſurper.

(Art. IV.) *La liberté conſiſte à faire tout ce qui ne nuit pas à autrui.*

Définition de catéchiſme, qui ne définit point la liberté; parce qu'elle ſe comprend auſſi bien dans l'état de repos que dans l'état d'action: elle conſiſte à ne faire que ce que la volonté a déterminé: un homme

qui fait ce qu'il ne veut pas faire n'eft
plus un homme libre. C'eft par cette raifon
que dans une démocratie il eft effentiel
que les citoyens foient portés par un grand
amour pour la patrie, & par un refpect
profond pour la religion, aux actions ver-
tueufes & généreufes. Dans une monarchie
ces inclinations ne font pas auffi néceffaires, & il feroit impoffible de les infpirer
au même degré; la patrie n'a qu'un foible accent pour qui n'en confidère que
vaguement les limites; elle eft tout pour
celui qui la voit renfermée dans l'enceinte
des murs qu'il habite: auffi il eft néceffaire de compenfer l'effet de cette différence, dans un gouvernement étendu, en
donnant à l'autorité première une force
affez grande pour qu'elle puiffe opérer avec
fuccès ce qui eft avantageux à tous, fans
que les moyens d'exécution foient dans
les inclinations particulières; la liberté doit
donc être plus ou moins reftreinte felon la
convenance de l'utilité générale. Elle eft
la plus grande poffible dans une démocratie où les mœurs font auftères; elle eft la

plus petite poffible dans une démocratie où elles font corrompues; elle n'eft nulle part auffi égale, auffi conftante que dans une monarchie.

(Art. V.) *La loi n'a le droit de défendre que les actions nuifibles à la fociété.*

Il falloit dire que le pouvoir légiflatif n'a le droit légitime de défendre que les actions nuifibles. Une loi ayant droit eft du ftyle moderne.

(Art. VI.) *Tous les citoyens ont droit de concourir perfonnellement ou par leurs repré-fentans à fa formation.*

C'eft-à-dire qu'ils ont ce droit, & qu'ils ne l'auront pas; définition très-claire.

Une loi fe forme par les conceptions d'un ou de plufieurs hommes (1) qui en raifonnent l'utilité, la capacité, la propriété; cette opération demande beaucoup de jugement, de probité, & de connoiffance du cœur humain. Une nation, telle faga-

(1) Les loix en France étoient le fruit de l'expérience & de la fageffe; elles avoient été rédigées par des magiftrats de la plus grande capacité.

cité qu'on lui suppose, tel esprit de justice
qu'on lui connoisse, telle religieuse qu'elle
puisse être, n'aura pas encore toute l'aptitude désirable. Quant à des représentans
d'un peuple, ils peuvent n'être que des
misérables, & cela a été démontré.

(Art. VI.) *Elle doit être la même pour
tous, soit qu'elle punisse, soit qu'elle protège.*

Il en étoit autrefois ainsi, depuis cinq
ans cela n'est plus.

(Art. X.) *Nulle ne doit être inquiété pour
ses opinions, même religieuses, pourvu que
leur manifestation ne trouble pas l'ordre public.*

Cet article est très-vague; mais il sera
toujours impolitique d'admettre indistinc-
tement toute espèce de religion, c'est le
moyen infaillible de n'en avoir aucune.

(Conclusion.) *Il n'y a plus ni noblesse,
ni pairie, ni distinctions héréditaires, ni distinctions d'ordres; ni aucuns des titrés, déno-
minations, prérogatives qui en dérivoient, ni
aucun ordre de chevalerie, ni aucunes des
corporations ou décorations pour lesquelles on
exigeoit des distinctions de naissance.*

Il falloit y ajouter qu'il n'y auroit plus

que des représentans du peuple & des
sans-culottes : grandes & dignes conceptions!

Il n'y a plus ni vénalité, ni hérédité d'aucun office public.

La magistrature de la monarchie françoise étoit venale, mais instruite, grave, bien composée ; celle de la république fait horreur.

Il n'y a plus ni jurandes, ni corporations de professions, arts & métiers.

Depuis cette loi, l'industrie a été appauvrie, le commerce ruiné, les arts ont été délaissés ; depuis cette loi, il n'y a plus eu d'autre corporation que celle des Jacobins ; &, sous une autre dénomination, ce sont encore des Jacobins défroqués qui prospèrent.

TITRE PREMIER.

Dispositions fondamentales garanties par la Constitution.

1.° *Tous les citoyens sont admissibles aux places & aux emplois, sans autre distinction que celle des talens & des vertus.*

Il manquera toujours à cette loi les moyens d'en affurer l'exécution; mais il eft bien prouvé que les amis du peuple ne font pas ceux que les talens & les vertus diftinguent.

La conftitution garantit la liberté à tout homme d'aller, de refter, de partir, fans pouvoir être arrêté ni détenu, que felon les formes déterminées par la conftitution.

Depuis la publication de cette loi jufqu'à l'époque préfente, on n'a pu en France ni aller, ni refter, ni partir; depuis la publication de cette loi, cinq à fix cent mille victimes innnocentes ont été cruellement incarcérées.

La liberté à tout homme de parler, d'écrire, d'imprimer, de publier fes penfées, fans que les écrits puiffent être foumis à aucune cenfure avant leur publication.

La loi qui empêchera la publication d'un ouvrage dangereux, fera meilleure que celles qui en réprimera l'auteur lorfqu'il fera publié. Autrefois on avoit la liberté de parler & d'écrire; aujourd'ui on n'a pas même celle de gémir.

La liberté aux citoyens de s'affembler paifiblement & fans armes, en fatisfaifant aux loix de police.

Cette liberté n'a été permife qu'aux Jacobins, il doit en fouvenir encore aux mo-
narchiens.

*La liberté d'adreffer aux autorités conftituées
des pétitions fignées individuellement.*

Pitoyable liberté.

*Les biens deftinés aux dépenfes du culte & à
tous fervices d'utilité publique appartient à la
nation.*

Les églifes, les hôpitaux, les promena-
des publiques, les marchés qui fervent au
débit des denrées, doivent être la propriété
particulière des villes & des bourgs. Les
feules propriétés nationales convenables font
celles des grandes routes. C'eft à l'aide de
cette loi que le clergé de France a été dépouillé de fes biens ; c'eft à l'aide de ces
biens que l'on a créé un papier monnoie
qui a ruiné la nation françoife ; c'eft à l'aide
de ce papier que des torrens de fang ont été
répandus.

*Les citoyens ont le droit d'élire ou choifir les
miniftres de leur culte.*

Dans le plus grand nombre de ces choix
l'on

l'on n'a vu que des apoftats ou des hommes fcandaleux.

(*)

TITRE III.

Des Pouvoirs publics.

La fouveraineté eft une, indivifible, inalliénable, imprefcriptible ; elle appartient à la nation.

Cette définition de la fouveraineté, *elle eft une, elle eft indivifible, elle eft inalliénable, elle eft imprefcriptible*, ne fauroit fe comprendre; c'eft le langage de Sganarelle dans *le Médecin malgré lui*.

La fouveraineté fe compofe des pouvoirs législatif & judiciaire; elle eft la puiffance qui règle & qui ordonne, mais qui par-tout eft ordinairement limitée par un ordre focial, fondé fur des loix religieufes qui règlent les mœurs, dont les affociations conjugales dépendent, dont les principes de la

---

(*) Ce qui eft compris dans le Titre II., concernant une nouvelle divifion du royaume, ne mérite aucune réflexion.

H

juftice dérivent, qui eft fondé fur d'anciens
ufages, & maintenu par des loix primiti-
ves, qui affurent la difpofition & la jouiffance des propriétés. Cet ordre focial peut
être confidéré comme étant la conféquence
de la volonté de l'Eternel, dont la fouveraineté eft la feule qui foit une, indivifible,
inalliénable, éternelle. Une fouveraineté
terreftre au contraire eft toujours périffable,
& divifée entre plufieurs autorités, telles
que celle de la religion, celle des loix,
celle d'un monarque ou d'un fénat, celle des
mœurs ou des coutumes; & plus ces divifions font fenfibles, plus il en réfulte d'a-
vantages.

La nation, de qui feule émanent tous les pou-
voirs, ne peut les exercer que par délégation.

Les pouvoirs publics émanent des loix,
qui doivent être refpectées par tous. L'on
n'exerce point un pouvoir que l'on délè-
gue, & les repréfentans d'un peuple le favent bien.

CHAP. I. *De l'Affemblée nationale légiflative.*

L'affemblée nationale formant le corps légif-

latif eſt permanente & n'eſt compoſée que d'une
Chambre.

On auroit dû ajouter : & ne dépendra que
d'une faction. La permanence du corps légiſlatif, ſa réunion dans une ſeule chambre,
ſa qualité d'être compoſé des repréſentans
de la nation; eſt tout ce que l'on peut
avoir jamais imaginé de plus abſurde. Un
peuple eſt en délire lorſqu'il accepte une loi
auſſi perturbatrice; mais elle eſt un témoignage des deſſeins de ceux qui la conçu-
rent, & il eſt démontré qu'elle n'a pas
trompé leur attente.

Le corps légiſlatif ne pourra être diſſout par
le Roi.

D'après le principe c'eût été diſſoudre la
nation; mais d'après le bon ſens c'eût été
la garantir.

Je terminerai ici ces faſtidieuſes réflexions;
le reſte ne vaut pas la peine d'être réfuté :
par-tout on trouve des témoignages de
la prédilection de l'aſſemblée conſtituante
pour le corps légiſlatif; par-tout on voit
les marques d'un eſprit de faction. Toutes
les parties de cet enſemble ſont déſunies :

H 3

aucune proportion n'eſt obſervée : la force
ſe trouve là où dominent les intérêts particuliers ; rien n'en arrête, rien n'en modère
l'impulſion ; c'eſt l'ouvrage des paſſions ré-
digé par l'extravagance & par la ſcélérateſſe.

Des Patriotes ou Démocrates.

DES loix qui exproprioient le clergé &
la nobleſſe, qui appeloient toutes ſortes de
démagogues aux places d'autorités , qui
récompenſoient la révolte des ſoldats par
les emplois des officiers, qui enfin faiſoient
de la multitude un ſouverain , & du ſouverain un ſujet, durent produire beaucoup
de patriotes, dans un temps où l'avide &
implacable égoïſme dominoit preſque tous
les eſprits.

On ſe plaignoit avec excès ſous le gou-

vernement des rois de quelques grâces
pécuniaires accordées à la faveur ; le nou-
veau régime prodigua les milliards, & fut
applaudi : témoignage de l'esprit de justice
des hommes. Un ouvrage curieux à cet
égard seroit celui du compte rendu de ce
qu'il en a coûté pour faire naître, exciter
& entretenir le civisme de la nation françoise ; je l'évaluerai à quinze milliards, sans
crainte d'être accusé d'exagération, parce
que cette somme se compose de la valeur
d'objets connus : le patrimoine de l'église ;
les revenus en redevances, féodalités ou
fiefs des propriétaires en terres ; les domai-
nes du Roi ; les meubles, tableaux & dia-
mans de la couronne ; les richesses mobi-
liaires consacrées au culte ; les meubles &
immeubles des émigrés ; & enfin neuf milliards de papier monnoie actuellement en
circulation, doivent produire un total d'au
moins quinze milliards, qui ont été prodi-
gués en dons, gratifications, dilapidations
ou salaires, pendant la durée de quatre à
cinq années, & non compris les dépenses
courantes ordinaires, parce que l'on peut

H 3

compter pour cet objet la contribution
obligée du don patriotique , les nouvelles
impofitions , l'emprunt forcé , les contributions des pays conquis, la confifcation
des matières d'or & d'argent chez les particuliers, les réquifitions des denrées , fixées
à un prix fort au deffous de leur valeur :
enfemble de recettes qui balancent certainement les revenus de l'ancien gouvernement. Il reftera donc une fomme de quinze
milliards , qui a fervi à créer des fortunes
à ceux dont le patriotifme avoit befoin du
ftimulant des profits. Mais fi l'on ajoute
à ce motif principal de l'ardeur révolutionnaire l'immenfe quantité de places qui ont
été la récompenfe de ceux qui témoignoient
le plus de zèle, il ne faudra plus être étonné
fi l'on a vu la nation françoife avoir tant à
cœur un fyftême qui ne fut jamais l'objet,
mais le prétexte de la révolution la plus
extraordinaire.

Ce fut l'avidité qui fit les apôtres de
l'égalité, ce fut la paffion de dominer qui
fit fortir de la foule tant d'êtres inconnus,
dont l'élévation ne pouvoit s'effectuer que

par l'abaissement de ce qui étoit distingué. Que l'on cite un patriote qui ait voulu rester à sa place, que l'on en cite un seul qui n'ait pas cherché à prendre une position éminente. On a dépouillé les riches, on les a égorgés au profit des démocrates, les plus ardens, les plus scélérats ont été les mieux partagés.

Cependant par cette inclination naturelle des hommes à se laisser gouverner par ceux qu'ils voient au dessus du vulgaire, la classe immédiate à celle que l'on proscrivoit, a obtenu toutes les places de premier rang; les classes inférieures se sont contentées de salaires particuliers, de dons illégitimes, de profits mal acquis; mais dans cet ensemble l'on a vu l'intérêt personnel couvert du masque de l'amour de la patrie, marcher à son but sous le manteau de l'hypocrisie & de la perfidie.

Ce fut l'égoïsme d'un gouvernement insatiable qui fit déclarer la guerre aux principales puissances de l'Europe, elle assuroit tant de moyens de dilapidations, elle offroit tant de chances lucratives, elle

H 4

nécessitoit tant d'emplois nouveaux, que les factieux étoient bien sûrs d'attacher un grand nombre d'individus aux succès de leurs entreprises; ce n'étoit pas une liberté, qui existoit moins que jamais, qu'il s'agissoit de défendre, mais une existence améliorée que l'on vouloit maintenir; une dépense préjugée de quinze millions par jour donnoit les plus sûrs moyens d'acquérir de nombreux prosélytes.

La confiscation des biens des émigrés devoit être encore une conséquence de cette guerre; les factieux étoient mieux instruits de ce qui se passoit dans les cabinets de Vienne & de Berlin qu'on ne l'étoit à Coblence; ils en connoissoient mieux la politique, & ils devoient en mieux prévoir les résultats. Cette noblesse françoise mise en attitude ennemie, motivoit au gré de ces conjurés l'expropriation générale de gentilshommes armés pour le rétablissement d'une autorité salutaire. Par cette immense acquisition ils réunissoient le double avantage d'augmenter l'hypothèque des assignats, & d'offrir les marchés les plus

avantageux aux hommes dont l'avidité
étouffe tout fentiment de probité.

Par cet enfemble de richeffes le parti
dominant put opérer avec d'autant plus
de fuccès qu'il avoit plus de moyens de
prodiguer les récompenfes; là où il offrit
des profits, là fe trouvèrent des patriotes;
c'eft ce motif qui recruta ces armées révo-
lutionnaires, dont la deftination fut d'imprimer la crainte par-tout où l'on avoit
quelque réfiftance à redouter, par elles
on exerça toutes les contraintes fur les perfonnes & fur les propriétés, par elles la
nation françoife fût partagée en deux claffes, celle que l'on dépouilloit, & celle qui
fe partageoit les dépouilles. Les jacobins
s'enrichirent, les riches fe virent réduits à
la misère, & tous les propriétaires furent
plus ou moins vexés. Dans ces temps les
démocrates faifoient retentir l'air des cris
de *vive la république*, alors qu'on immoloit
les victimes de leur infatiable cupidité;
mais parmi tous ces amis de la patrie on
n'en vit aucun dont les motifs ne s'expli-
quaffent par des acquifitions illégitimes,

par d'indignes falaires, ou par des emplois lucratifs.

La paffion de dominer, la paffion de s'enrichir, a été le véhicule des apôtres ainfi que des difciples de cette pure égalité, de cette fainte fraternité.

Du mélange de la Monarchie, de l'Ariftocratie & de la Démocratie.

La prétention du plus grand nombre des hommes eft de fe croire affez de capacité pour juger d'une conftitution à établir, pour décider de ce qui eft le moins appréciable avant l'expérience des temps, de ce dont le préfent & le paffé n'offre de théorie affez certaine pour en faire une application renouvelée. On a vu, & l'on voit encore des gouvernemens de toutes les formes, mais dans cet enfemble on ne

trouve ni deux monarchies qui fe reffem-
blent, ni plufieurs ariftocraties ou démocraties qui foient femblables ; ce qui prouve
combien les calculs de l'expérience & de
la fageffe font incertains, puifqu'on n'a pu
encore concevoir une légiflation affez évidemment avantageufe pour que les efprits
s'accordent fur cet objet.

Cependant parmi les différens fyftêmes
celui que l'opinion favorife davantage eft
en faveur des conftitutions qui fe compofent des trois gouvernemens, l'on penfe
que, par une heureufe combinaifon de la
monarchie, de l'ariftocratie, & de la démocratie, on obtiendroit le réfultat le plus
favorable au bonheur & à la liberté d'un
peuple. Etrange prévention, qui fait applaudir à ce que l'on ne connoît pas, à
ce dont aucune épreuve ne garantit ni la
durée, ni les avantages.

Ce mélange feroit-il donc indiftincte-
ment applicable à toute contrée, à toute
efpèce de nation ? Des différences fingulières dans les rapports politiques, dans les
localités, dans les habitudes, fe conci-

lieroient elles avec une semblable institution? Ebloui sans doute par les brillans succès des gouvernemens de Rome & de la Grèce, l'on se persuade qu'avec des loix également favorables à la licence populaire, on verroit reparoître les mêmes prodiges d'héroïsme & de vertus ; mais pourroit - on jamais réunir les causes qui concoururent à faire produire ces mémorables époques : un climat fortuné, qui favorisoit toutes les sensations & disposoit à l'enthousiasme, une religion qui déifioit tous les sentimens, des fêtes qui exaltoient l'imagination, des hommes toujours en présence des Dieux; que de circonstances aujourd'hui impossibles à rassembler.

Cependant il est vraisemblable que des peuples soumis au pouvoir monarchique contribuèrent à cette gloire, à cette magnificence des Grecs. Les imaginations s'étonnent encore de la splendeur de quelques villes anciennes de l'Asie & de l'Affrique, soumises à des rois. Et quelle nation fut plus brave, plus vertueuse que celle des Perfes ? quel peuple fut plus fpirituel, plus induftrieux que les Egyptiens ?

L'hiftoire nous enfeigne auffi que l'époque où les Grecs & les Romains eurent le plus d'éclat fut celle où leurs gouvernemens s'affoibliffoient, celle où ils commençoient à être dominés par l'afcendant de quelques citoyens.

Mais que pourroit produire préfentement une législation, qui fe compofoit de tant de circonftances particulières, fur des hommes qui ne favent agir que par l'impulfion de l'intérêt perfonnel ? fur des hommes qui n'ont d'autre fortune que celle des modiques profits d'un travail affidu, & qui, pour avoir la jouiffance d'un jour de débauche, proftitueroient leurs fuffrages ? Pourroit-on d'aucune manière faire concourir cette multitude à la compofition du pouvoir fouverain ? & fi elle n'y coopéroit pas, ne feroit-ce pas en exclure la plus nombreufe partie de la population ? Pourroit-on alors penfer que la démocratie entrât pour quelque chofe dans l'organifation d'un tel gouvernement ?

Si le peuple n'exerce aucun pouvoir législatif, s'il ne choisit pas immédiatement ceux qui doivent le gouverner, il n'a ni liberté, ni facultés politiques; il reste dans les mêmes rapports où il se trouve dans les monarchies, avec la différence qu'il est dans la dépendance de sept à huit cents ambitieux, au lieu d'être sous la domination égale & tranquille d'un monarque.

Si des conditions sont déterminées pour être électeur, les hommes qui les rempliront, formeront une classe distinguée; si d'autres conditions sont prescrites pour être éligible, il y aura alors un autre degré d'inégalité au dessus de tous les privilèges qui aient existé dans aucune monarchie; car toutes les places d'autorités & lucratives seront affectées à cette classe, avantages auxquels elle ajoutera les profits du commerce, les bénéfices d'une grande industrie; de manière que le pouvoir souverain, les honneurs l'autorité, tout lui sera dévolu.

La noblesse nulle part n'a jamais réuni autant de prérogatives; le seul privilège qui jusqu'ici l'ait plus particulièrement distinguée, eft d'être préférée pour les emplois militaires, & pour certaines dignités eccléfiaftiques, encore n'eft-ce pas exclufivement. Mais les gains du commerce; mais les bénéfices des places de finance, mais les profits de tout état ou emploi purement lucratif lui font étrangers; & cette difpofition, quoiqu'on en puiffe dire, eft néceffaire pour entretenir ce fentiment qui fait préférer les diftinctions honorables à celles de l'opulence; difpofition auffi avantageufe à une grande fociété, qu'il lui feroit contraire de donner à la fortune le privilége exclufif de prétendre à tous les pouvoirs, à tous les honneurs; privilége qui établiroit la plus turbulente ariftocratie, & d'autant plus infupportable, qu'elle feroit le droit d'un plus grand nombre.

En fuppofant que pour être éligible il fût prefcrit un revenu de douze cents livres de rentes en terre, on pourroit, fur une population de vingt-quatre millions, compter cent mille familles qui jouiroient de cette forte de bien, & qui par cet arrangement jouiroient de toutes les prérogatives, feroit-il poffible de concevoir deux lots auffi difproportionnés, répartis entre les individus d'une population immenfe. Tel raifonne- ment que l'on faffe, telle combinaifon que l'on imagine, on n'établira jamais un gou- vernement où il y ait autant d'égalité que dans le gouvernement purement monarchi- que, où il foit moins néceffaire d'être d'une condition, ou d'avoir une fortune quelcon- que, pour, avec de l'efprit & des talens, prétendre aux places les plus avanta- geufes (1).

Mais avant de fonger à donner une conftitution à un peuple, il faut confi- dérer fes mœurs, fes habitudes, fes incli- nations, fes préjugés, fon induftrie; il faut confidérer encore l'étendue & la nature du pays qu'il occupe, la quantité de fa population, fes rapports extérieurs, la force .... armée

---

(1) Il n'y aucune époque où l'on n'ait vu en France des hommes de l'ordre du tiers parvenir aux grades militaires, où l'on n'ait vu quelques familles ignorées prendre un rang diftingué.

armée que fa fureté néceffite, les dépenfes publiques ; toutes ces particularités de-
mandent à être combinées dans le fyftème
de légiflation que l'on fe propoferoit d'établir, fi l'on vouloit maintenir fans violence
l'harmonie dans un grand enfemble.

Mais le caractère que le peuple françois a manifefté dans tous les temps, &
d'une manière plus fenfible pendant la durée de la révolution actuelle, prouve affez
que les loix qui peuvent mieux le garantir
font celles de la pure monarchie ; fon in-
conftance, fa légéreté, fon inclination pour
la révolte, fon refpect pour la tyrannie,
fa facilité à fe paffionner pour les démagogues, & à admettre toutes les abfur-
dités, l'excès de fes emportemens, tout
démontre qu'il lui faut un gouvernement
ftable, indépendant.

Le feul exemple que nous ayons d'une
conftitution fondée fur une balance de pouvoirs qui fe limitent réciproquement, &
appliquée à un peuple nombreux, réparti
fur un territoire étendu, eft celui de l'Angleterre ; mais il eft à remarquer que, par

I

fa pofition infulaire, elle réunit l'avantage
d'une exiftence politique plus indépendante
à celui d'un commerce immenfe, qui fait
que l'objet des dépenfes de la guerre s'applique à l'accroiffement des fortunes particulières, & à l'augmentation des richeffes
générales, qui fait que la guerre eft toujours confidérée dans ce pays comme un
événement national, elle y excite vérita-
blement un efprit public, qui n'eft point la
conféquence des loix, mais l'effet de la pofition des intérêts perfonnels; tout en eft
dominé, le roi, le parlement, la nation.
Par-tout ailleurs au contraire la guerre altère la jouiffance des revenus ordinaires;
elle diminue les reffources de l'induftrie; elle
accroît fans bénéfice les dépenfes du gouvernement; elle néceffite une force armée
confidérable, qui ne concourt point,
comme une puiffance maritime, à l'accroiffement, à la multiplication des fortunes.

Quelle différence cette particularité doit
mettre dans l'intérêt pour la chofe publique! Que l'on dife ce que l'on voudra fur
l'amour de la patrie, ces difcours fe perdent

dans les airs, lorfque les convenances particulières ne s'y trouvent pas conformes. Un coup de canon tiré en mer retentit fur toute la furface de l'Angleterre; toutes les ames en font émues; tous les regards fe fixent fur l'océan ; toutes les volontés s'animent du même efprit. Telle conftitution que l'on donne à un peuple continental, il ne fera jamais affecté d'un fentiment femblable.

Mais n'importe dans quelles mains foit remife la force armée, dans un pays méditerranné ou prefqu'isle, cette difpofition fixera l'attention principale, parce que là fera la fource des honneurs; & comme il eft dans le cœur des hommes de faire prédominer la puiffance dont ils attendent le plus d'avantages, celle qui ordonnera de la force militaire, fecondée par les penchans de l'ambition, faura bientôt tout affujettir par l'effet de fa fupériorité. Une ou deux chambres légiflatives n'auront plus dans la permanence des loix une force équivalente à celle qui fe compoferoit des inclinations perfonnelles, & un pouvoir qui ne difpofe ni des honneurs, ni d'aucunes places lucratives, n'infpire qu'un foible fentiment.

L'intérêt portera toujours les hommes vers les objets qui attirent la plus grande confidération ; & dans prefque tous les pays de l'Europe le militaire jouit de la prééminence (1): cette prééminence ne peut être que durable, vu l'importance & la nature des raifons qui motivent fon exiftence.

Ce que je vais dire paroîtra peut - être extraordinaire ; mais je crois que, de tous les pouvoirs, le plus facile à fe laiffer corrompre

----

(1) Un peuple mercantil affectoit de tenir dans l'abaiffement l'état militaire ; fa politique abforbée par l'avarice ne favoit honorer que les richeffes. Ce peuple étoit devenu le moins valeureux des peuples, ne fachant ni fe défendre des troubles de l'intérieur, ni fe garantir des atteintes du dehors. Sous le régime d'un roi, il eût pu fe fauver ; fous celui de fon avidité, il s'eft perdu.

rompre eſt celui qui ſe compoſe par des élections ; c'eſt-à-dire qu'il eſt le plus aiſé à être détourné de l'intérêt général par des motifs perſonnels. L'on a beau vanter les charmes de la liberté, il y a des dépendances qui plaiſent davantage ; telles que celles qui donnent de l'autorité, ou améliorent l'exiſtence. Le pouvoir d'un monarque n'a pas ſes défauts : ce qui augmente la fortune publique, ce qui accroît les forces de l'état, eſt néceſſairement, & de préférence à tout, dans ſon inclination. Si l'on penſe que la faveur y détermine trop ſouvent ſes choix, je répondrai que cet inconvénient eſt encore plus ſenſible & plus fréquent dans les gouvernemens populaires ; là plus qu'ailleurs celui qui flatte eſt l'objet des préférences, & l'art d'être démagogue eſt le talent ſuprême.

Mais qu'eſt-ce que ſera la liberté ſous le régime d'une ou de deux chambres électives ? ſera-t-elle plus grande lorſqu'il faudra qu'une nation fléchiſſe ſous les erreurs & les paſſions de quelques volontés coaliſées par un eſprit de faction ?

I 3

Ce feroit une grande erreur de penfer que les membres d'un corps légiflatif ne pourroient être fufceptibles des mêmes paffions qui affectent le général des humains : l'ardeur que l'on met à pourfuivre ces fortes de députations, prouve affez le but que l'on fe propofe, lorfqu'on s'agite pour les les obrenir. Où eft l'homme animé d'une probité affez rare, pour réfifter aux féductions de l'orgueil & de l'ambition? Où eft l'homme infenfible aux charmes du pouvoir, à l'accroiffement de fa fortune? Où eft celui qui ne fe laiffe pas émouvoir par les affections du fang, par les follicitations de l'amitié, ou feulement par les liaifons de l'intérêt? Les récompenfes de la vertu font obfcures, & ne frappent que les ames incorruptibles, dévouées à l'efpérance d'un bonheur immortel.

Auffi, de telle manière que l'on compofe deux chambres légiflatives, l'intrigue, les factions y domineront; les plus diftingués de ces légiflateurs, par des talens, s'attacheront à tourmenter le pouvoir diftributeur des grâces; ils le harcelleront jufqu'à

ce qu'ils aient obtenu l'objet de leur pour-
fuite. Le peuple aime à accréditer cette
forte de témoignage; parce que ce n'eft
jamais la vertu qui l'intéreffe , mais la fa-
tyre de ce qu'il jaloufe ; & quiconque facrifie à fes paffions eft affuré de fon suffrage.

On dira qu'il eft poffible de mettre un
obftacle à cet inconvénient, en faifant
que les membres du corps légiflatif ne puiffent recevoir aucune grâce du pouvoir qui
en difpofe ; mais par cet arrangement il
pourroit réfulter un plus grand dommage,
celui d'ameuter une faction principale avec
plus de violence contre l'exiftence même
de ce pouvoir, qui n'aura plus alors aucun
moyen pour tempérer la fougue d'individus ambitieux : au lieu que tout s'appaife
lorfque le gouvernement a de quoi fatis-
faire par des largeffes, ou par des préférences, à des prétentions particulières :
mais telles précautions que l'on prenne, la
corruption faura fe faire jour là où fe trouvent des richeffes & des honneurs.

Je terminerai cet article par une remarque

I 4

qui me paroît essentielle, c'est que dans
tous les temps les peuples du midi ont été
plus religieux, plus superstitieux que ceux
du nord, & par cette raison mieux dispo-
sés à une obéissance absolue. Sous les gouvernemens de Rome & de la Grèce, on
vit les loix d'autant plus respectées, qu'on
les croyoit émanées du ciel. Dans ces temps
les événemens favorables ou contraires
étoient considérés comme l'effet de la colère
ou de la protection des Dieux: aucune réso-
lution importante n'étoit prise sans consulter
les augures ou les oracles; le témoignage des
interprètes décidoit ou arrêtoit l'exécution.
Cette manière de gouverner avoit quelque
chose d'imposant, mais donnoit un grand
ascendant à ceux qui disposoient de ces impostures. De tels moyens manquent aux
gouvernemens des régions tempérées & du
nord: il est donc nécessaire d'y suppléer
par la force d'une autorité assez dominante,
pour contraindre les hommes aux sacrifices
que réclament les objets d'une utilité générale: autrement, soit qu'il faille fournir des
contributions, soit qu'il faille s'exposer à

des dangers, les inclinations particulières y mettront de l'obstacle.

Dans un grand empire, les intérêts se heurtent de province à province: les habitans du midi ne sont point affectés des besoins des habitans du nord. Tout se diviseroit, s'il n'existoit pas une autorité assez prépondérante pour maintenir l'harmonie du tout.

Ce qu'il y a d'important à considérer, c'est que l'autorité principale soit constituée de façon à pouvoir dans toutes les circonstances agir d'une manière conforme à l'utilité présente & générale: là où il y a une grande étendue de pays, une population immense, une force armée considérable; là où les villes dominent les campagnes; là où se trouvent des portions de population très-inégalement réparties; là enfin où il n'y a point, comme en Angleterre, un objet principal qui réunisse les intérêts, il faut un pouvoir assez énergique, pour qu'il puisse se rendre promptement redoutable à une fraction quelconque du peuple insurgée. Mais si ce pouvoir est la propriété de plusieurs, il y en aura toujours quelques-uns qui favoriseront les mécontens, & les exciteront à la révolte; disposition certainement contraire à la tranquillité & à la sûreté générale.

Si l'autorité protectrice est une fois ébranlée, elle sera bientôt renversée.

FIN.

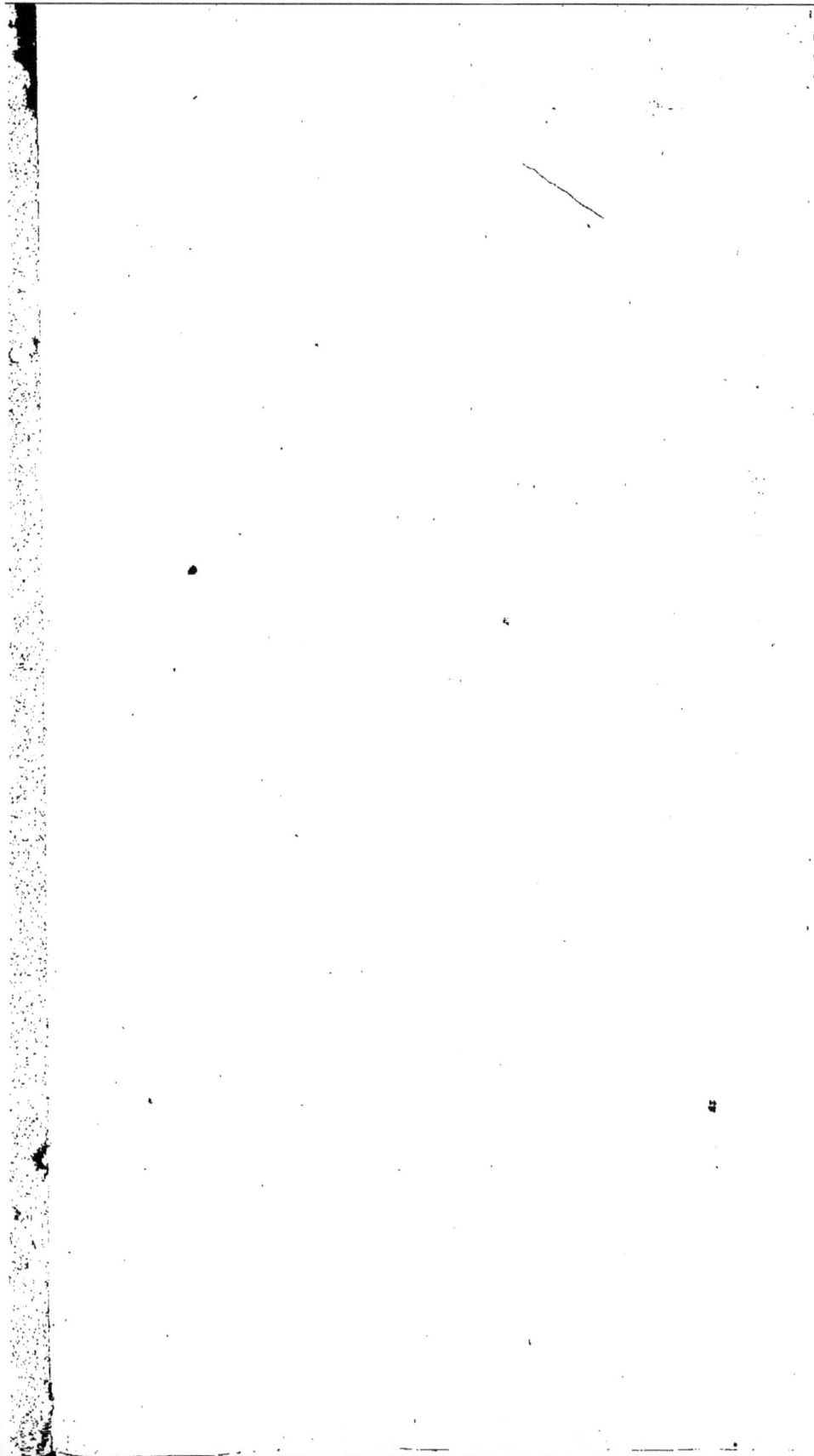

www.ingramcontent.com/pod-product-compliance
Lightning Source LLC
Chambersburg PA
CBHW071809090426
42737CB00012B/2007